抱 朴

抱
朴

莊子

迈向超俗之境

〔日〕蜂屋邦夫 著
张谷 译

上海古籍出版社

图书在版编目(CIP)数据

庄子：迈向超俗之境 /（日）蜂屋邦夫著；张谷译
. —上海：上海古籍出版社，2024.5
ISBN 978-7-5732-1062-3

Ⅰ.①庄… Ⅱ.①蜂… ②张… Ⅲ.①《庄子》—研究 Ⅳ.①B223.55

中国国家版本馆 CIP 数据核字(2024)第 065657 号

庄子：迈向超俗之境

［日］蜂屋邦夫 著

张 谷 译

上海古籍出版社出版发行

（上海市闵行区号景路 159 弄 1-5 号 A 座 5F 邮政编码 201101）

（1）网址：www.guji.com.cn

（2）E-mail：guji1@guji.com.cn

（3）易文网网址：www.ewen.co

上海颛辉印刷厂有限公司印刷

开本 787×1092 1/32 印张 8.5 插页 5 字数 140,000

2024 年 5 月第 1 版 2024 年 5 月第 1 次印刷

印数：1—5,100

ISBN 978-7-5732-1062-3

B·1377 定价：62.00 元

如有质量问题，请与承印公司联系

中文版序

在中国古代典籍中，《庄子》是我最爱读的。对我来说，《庄子》有时是中国思想史研究的对象，有时是讲述着的奇异故事，有时则是直达心底的知心话。庄子虽然是中国古代人，但又可以说是一位亲密的友人，如同往来多年的莫逆之交。这本有关庄子的拙著即将被译为中文，并在庄子的故乡中国出版，对于以研究中国思想史为终生职业的我来说真是喜出望外。

本书的结构是这样的：由充满奇思异想的大鹏寓言开始说起，在略述庄子的生平之后，从庄子与惠子的交往、二人思想的异同和齐物的理论等方面讨论了庄子思想的形成过程，考察了庄子所追求的道的思想以及体悟道的高手们的活动，最后以探讨庄子生死观作为结束。我撰写本书的意图，是尽可能明确而又易懂地论述庄子思想的要点。此书在日本已有相当多的读者，如果在作为庄子故乡的中国也能为许多人阅读，我将深感荣幸！

我一直从事先秦至金元这一时期中国思想史和道教思想史的研究。在研究过程中，有过数次这样的体验：在把研究结果诉诸文字时，自己的视野是在煞费苦心进行写作的过程中逐渐打开的。但是，撰写本书时，几乎不记得有那种煞费苦心的感觉，视野是随着写作的继续逐渐开阔起来的。这是从内心深处涌起的一种舒畅的悠然自得的感觉。这与撰写其他著作时的体验是不同的，本书是唯一一部整个写作过程都使我感到轻松愉快的著作。这种舒畅感应该是因陶醉于庄子思想而产生的一种疗愈体验吧。庄子的思想确实具有使我们被各种日常事务拘系的心灵得到解脱的作用。我也恳切地希望，更多的中国人远离日常生活的烦扰，尽情地体味这种解脱感。

本书的译者张谷君曾在我的研究室做过一年留学生，那是在我任教于东京大学期间。当时，由于我极为繁忙，基本上没有能给予他足够的指导。但回国后，张谷君不断钻研和搜集资料，历经二十年的研究后，再次赴东京大学访学，进一步搜集资料，广泛涉猎文献，拓展了学术视野，推进了研究深度。此后他的研究仍在继续，近年来，他将其研究成果结成《道家思想与日本近代知识人》这一大部头学术专著，并在不久前由上海三联书店出版。这部著作旨在考察老庄道家思想对日本近现代思想家和文化人产生的深刻影响，拙著的内容也有与张谷君研究方向重合的部分。张谷君既然具有这样的专业背景，那么无论从哪方面来说，其译稿都不可能是低质量的。并且，在本书翻译过程中，每当出现疑问时，他都会列出问题逐一与我沟通商讨。自始至终，他都贯彻了这种诚实的工作方式。这正是理想的译者，作为一名译者，没有比这更称职的了。拙著能被翻译成外文是甚幸之事，向张谷君表示由衷的感谢！在出版过程中，承蒙上海古籍出版社编辑施萍女士对书中未及留意之处提出若干宝贵意见，在此一并致以谢意！

蜂屋邦夫　　识

2024 年 2 月

译者序

《庄子》是一部重要的先秦经典，其哲思宏阔深湛，文章“汪洋辟阖”（鲁迅语），在中国哲学及文学史上占有极高地位。历代注解《庄子》的著作汗牛充栋，庄子之学延续两千多年长盛不衰。直到今天，《庄子》仍充满魅力，吸引着人们去阅读和研究。庄学不仅在中国本土源远流长，在域外也历史悠久，且呈兴盛之势。这体现出庄子思想的现代性和世界性。那么，是什么吸引人们阅读《庄子》？应如何认识庄子思想的特质和功能？南宋叶适曾以批评的口吻列举世人喜好《庄子》的四种情况：“好文者资其辞，求道者意其妙，汩俗者遣其累，奸邪者济其欲。”（《水心先生别集·庄子》）意思是，喜好文章的人取用《庄子》的词句，求道的人想要领会其思想的微妙，沉溺世俗的人借助它排解负累，奸邪的人利用它满足欲望。叶适这番话原本是站在自己学说的立场上指责庄子之书“祸大而长存”甚至“亡天下”，意在排拒庄子，但是又在某种程度上指出了人们阅读《庄子》的动机，从而部分地揭示了庄子思想的社会文化功能。

从历史上看，老庄思想在本土文化中的作用体现在多个层面，既涉及精神生活，也涉及社会生活，但其产生深远影响的还是精神生活层面，且主要是哲学、宗教、文艺、社会文化批判和政治等领域。就庄子思想而言，影响最大的是在哲学、文艺和社会文化批判方面。这些影响或作用既体现在社会意识中，也体现在个体精神上，前者塑造人文社会思想和学术的特质，后者提供心灵安顿和精神超越的哲理依据和观念资源。庄子思想不仅在本土能够发挥这些功能，在域外也趋向于产生与本土相同的功能，这是由其特质决定的。近代以降，社会制度和文化形态发生了巨大转变，但庄子思想并未失去其生长的土壤，相反，它仍以新的形式发生着作用。[1]总之，《庄子》在中国人的精神世界中一直扮演着重要角色，甚至到了不可或缺的程度，我们已经很难想象一个没有庄子的中国精神文化。正如陈鼓应先生所说："由于它那芒忽恣纵的语言风格，以及高远深邃的思

1 以上观点参见拙著《道家思想与日本近代知识人》，上海三联书店，2022年，第362—367页。

想意境，常被正统派视为异端邪说而遭扭曲，所谓消极、出世是常有的误解。但是我想，中国文化中如果欠缺了庄子的生命情调和美感情怀，那么中国的文学、艺术和美学会成为什么样的光景？如果中国哲学只有孔孟之道，而欠缺老庄的哲学理论和境界，那么它会单调到什么样的程度？”[1]既然庄子思想在历史上的作用主要体现于哲学、文艺和社会文化批判等方面，且包含社会意识和个体精神两个层次，那么今天我们阅读《庄子》时也应注重这些方面，注重其个体心灵安顿和精神超越的意义，并主要从这些方面评估它的价值。这样或许更能揭示它的正面意义，发掘它的现代性，而大可不必指斥其“亡天下”了。

蜂屋邦夫师所著《庄子：迈向超俗之境》正是这样一部注重从精神层面特别是个体精神角度把握和评估庄子思想的《庄子》诠释著作。在本书中，蜂屋先生明确肯定庄子思想在当代仍具有意义，并引用《庄子·齐物论》之语称其具有“酌焉而不竭”的价值。他指出，庄子思想的特点是“依据对

1 陈鼓应：《庄子学史》序，方勇：《庄子学史》第一册，人民出版社，2008年，第1页。

天地自然之道的遵循，把我们的精神从世俗的种种束缚中彻底解脱出来”，它“在深层次上支撑着不为社会所束缚的个体的精神生活”（见本书“前言”），这些实际上是他对庄子思想特质和功能问题的回答，而书名“迈向超俗之境”可以说是对其观点的凝练表达。这是此书的重要特点。

中国人研读《庄子》主要以本土的注释和研究著作为依据，这是自然的，但参照和借鉴世界各国的《庄子》研究成果无疑也是必要的。这不仅是国际文化交流的需要，更是庄学研究本身发展的需要。异域文化背景下文本解释的视角往往与本土不同，故能拓展视野，提供一种跨文化的比较，从而对庄子思想的阐释有所启发。庄学发展的实际趋势也证明了这一点：海外庄学研究成果逐渐受到重视，越来越多的研究著作被译介到国内，庄学的发展越来越呈现出世界性。日本《庄子》研究的兴起当不晚于9世纪末[1]，一千多年来解庄

---

1 公元891—897年间成书的《日本国见在书目录》有关于《庄子》类汉籍的记载，由此可推定《庄子》类文献此前已传入日本。另外，日本江田船山古坟铁刀铭文（5世纪末）、《宋书·倭国传》“倭国王武上表文”（478年）以及《古事记》《日本书纪》的相关记载，提供了一些道家思想于5世纪末传入日本的线索。见拙著《道家思想在日本的传播和影响》，人民出版社，2013年，第9—13页。

者众多，特别是近现代以来，涌现出一批有影响的学者，如武内义雄、森山树三郎、福永光司、金谷治、蜂屋邦夫、池田知久等，他们的著作都有重要的学术价值和阅读价值。在日本现代《庄子》研究著作中，既有学术专著，也有面向一般读者的通俗性著作，《庄子：迈向超俗之境》即是这样一本通俗性著作，正如作者在“前言”中所说的，本书依照《庄子》文本对庄子的生平和思想做了“尽可能通俗易懂的讨论”。蜂屋邦夫先生长期从事中国思想史特别是老庄和道教思想的研究，是国际知名专家，在该领域具有深厚的学术积淀和宽阔的学术视野，因而能做到高屋建瓴、深入浅出，使非专业的读者也能顺畅地阅读专业学者高水准的《庄子》研究著作。无论是作为解说《庄子》的著作，还是作为当代日本汉学著作，亦或是两者兼而有之，此书对中国读者来说都值得一读。

在本书中译过程中，除极少数地方根据中文版要求做了调整外，基本未做改动，以期呈现日文版的原貌。本书的脚注都是译者所加，其中大部分内容是供读者参照的《庄子》和其它相关古籍的原文，还有一些是对原书中词句或相关事项的解释。在日文版中，对《庄子》原文的引用分两种情况：一是采取日语训读的形式读出汉文（即文言文），即在汉文上注训点并按日语的文法读出原句；一是将汉文转译为现代日语。在中译过程中，对于前一种情况，就将日语训读汉文复原为对应的《庄子》原文；对于后一种情况，则先将《庄子》原文的现代日语译文翻译为中文，再以注释的形式附上对应的《庄子》原文，以供读者对照、参考。希望这种处理方式有利于中国读者更高效地阅读此书。本书译文中如有错漏和不当之处，还请相关专家指正！

能将蜂屋邦夫师关于《庄子》的著述译成中文并出版，使更多的中国读者阅读和分享他对《庄子》的研究和思考，我深感荣幸！由衷地感谢蜂屋先生的信任和对翻译出版的支持！上海古籍出版社编辑施萍女士为本书的出版付出了辛劳，在此致以诚挚的谢意！

张　谷

2024 年 2 月

目录

前言

庄子是中国古代的思想家，他留下了许多出人意料的独创性论说和寓言，不止对中国，也对日本的精神文化产生了深刻的影响。

儒家思想作为中国的正统思想而成为政治建构和管理以及维持社会有序的重要依据，与此相对照，庄子的思想则是在深层次上支撑着不为社会所束缚的个体精神生活，其人生态度和思想，即使对于两千多年之后生活在异国日本的我们来说，仍然具有丰富的“酌焉而不竭”（《庄子·齐物论》）的价值。

那么，庄子究竟度过了一个怎样的人生，又抱有什么样的思想呢？本书依照《庄子》文本对这些问题做了尽可能通俗易懂的讨论。

庄子思想的特点在于，依据对天地自然之道的遵循，把我们的精神从世俗的种种束缚中彻底解脱出来。当我们阅读并深深体味庄子的话语时，被种种事物所拘系的心灵常常会在不知不觉间自然地获得解脱。

近来，关注“慢生活”的人越来越多了，这种想法似乎也与庄子思想有相通之处。人生从开始到终结，各种细微处都被加以管理，变成了按作业手册进行操作的流程，在这种社会状况下，要从根本上深入地、从容地去思考天地自然、世俗社会与精神生活的关系，庄子的人生态度和思想正是理想的“教材”。

我在1987年出版过《读老庄》一书，收入讲谈社现代新书系列。当时是以比较的方式对老子和庄子进行考察，而且丛书又有篇幅的限制，因而对庄子的人生和思想未能充分加以考察。在本书中，对前书未能讨论的方面，如庄子与论敌兼好友的惠子的关系等，做了更为详细的论述。不过，在本书撰写过程中，完全没有考虑前书的论述。因此，本书与前书中对《庄子》文本的解释可能会有一些差异。希望读者能将前书看作是一本独立的著述，而把本书视为经历相当长时期后作者研究的进一步展开。

庄子这一姓名在日本的传统读法是ソウジ，这样称呼可能是为了与孔子的弟子曾子相区别。[1]江户享保年间刊行的佚

1 “庄子”和“曾子”的日语读音相同，皆为ソウシ，故作者推测，将“庄子”读为ソウジ是为了与“曾子”区别——译者注（本书注释如未加说明，均为译者注，后不再一一标示）。

斋樗山所撰《庄子田园》也是读作イナカソウジ。虽也有人称作ソウシ，我遵从传统称为ソウジ，这也与称呼铃木、木村等的音调是相同的，[1]对我来说，这样才有亲切感。

在进行读解时，有的地方用训读[2]方式读出，有的地方则翻译成普通的日语。按照日本的传统，中国的古典是以训读方式来阅读的，这种读法颇有其妙处，是可行的。但如果训读太多，阅读就会变得沉重而有些困难。并且，训读也会有这样一种误区，即让人产生不知为什么就明白了的感觉。因此，本书为在训读与普通日语两者之间寻找平衡煞费了一番苦心。但是，每个人对平衡的感觉是不同的，因而，对庄子非常感兴趣而感到训读偏少的读者，就请参照汉文注解类的读物；感到普通译文偏少的读者，就请参照翻译类的读物。现在这两类读物都有出版。

本书由六章构成，并且进行了排序，但我想，无论从哪一章开始读都是可以的。在对原文的解释上，最为困难的是

---

1 ソウジ的读音是升调，与铃木（スズキ）和木村（キムラ）的读音相同，而ソウシ是降调。

2 训读，是用日语阅读汉文的方法，即在汉文上注训点，按日语的文法读汉文。

在第四章讨论的《齐物论》。因此，如果从第四章着手阅读感到困难，可以先读其他章，到对庄子有一定程度的了解之后，最后再读第四章亦无妨。

在撰写本书的过程中，通过从多个方面对庄子人生和思想的考察，我努力使庄子其人的形象自然浮现出来。为了让书更容易阅读，我还尽可能地将汉字标上振假名，并在（　）中加入说明的文字，在［　］中加入补充的文字。读者诸君如果能通过本书喜爱上庄子，并能领受精神上的逍遥，我将深感荣幸。

蜂屋邦夫　　谨识

二〇〇二年八月于东京葛饰寓所

大鹏的寓言

——对世俗世界的超越

1. 从荒唐之言到超越性思考

我们阅读《庄子》最大的裨益，就是通过浸润于其独特的思想世界而从日常生活的种种心灵忧苦和世俗羁绊中解脱出来。那么，为了进入其思想空间，我们首先选取作为庄子思想具象化典型之一的大鹏寓言来读一读吧。

《庄子》一书由内篇、外篇、杂篇三部分构成，其中内篇被认为最能体现庄子的思想。内篇之中，作为《庄子》首篇的《逍遥游》，以具有象征性且丰富多样的表现力，把庄子思想的旨趣生动地展现出来。所谓"逍遥游"，就是不为一切世俗之事所拘限而自由地生活。大鹏寓言构成此《逍遥游》篇的主要部分。

大鱼鲲化为大鹏

北冥（北极之海）有鱼，其名为鲲。鲲之大，不知其几千里也。化而为鸟，其名为鹏。

《逍遥游》是以这几句话开始的，仅仅是这个开头，实际上就已经是不合常情的虚妄之谈了。“北冥”指北极的海，“冥”与“溟”同，表示幽暗而没有边际的感觉。这是说，北方黑暗阴沉的大海广阔无际。

关于“溟”，公元三世纪的注释家司马彪解释说：“指南北极。因为距日月遥远，所以名为溟。”[1]虽说是南北之极，但并非我们所知的南极和北极。大地作为一个平面，无限地延展，天空覆盖于其上，日月运行于天空的中央，因此，日月之光不能到达的地方是黑暗的，它延伸的边界亦无从知晓。那里也就是所谓大地之极，太阳所能照耀的大地到此为止，再往前就是“溟”，已经不再进一步追究了。这就是中国古代的宇宙观。

《论语·颜渊》有“四海之内皆兄弟”之语。有人叹息说：“人们都有兄弟，我只有一个兄弟，却还因胡作非为而几

---

1 郭庆藩：“慧琳《一切经音义》三十一《大乘入楞伽经》卷二引司马云：‘溟，谓南北极也。去日月远，故以溟为名也。’”见郭庆藩撰，王孝鱼点校：《庄子集释》上，中华书局，2012年，第3页。

将丧命。”孔子的学生子夏安慰此人时说：“四海之内皆兄弟。”意思是既然全世界的人都是兄弟，为何还要哀叹没有血亲的兄弟呢?[1]“四海之内”是指我们所处的世界，或者反过来说，这个世界是为四海所环绕的。

大海对于日本人来说是开放的，既是游乐之地，也是捕捞大量鱼类、贝类而使人们生活丰裕的区域。当然，海有时也是令人恐惧的，但其形象绝不是幽暗、荒凉的。但是，对古代的中国人来说，海却是远离文明之花盛开的中华世界的晦暗阴郁之域。“海”与月亮完全隐没的漆黑的“晦”相通，了解了这一点，海的形象就相当清楚了吧。

司马彪“因为距日月遥远，所以名为溟”的解释，也接受了上述观点。因此，即使认为在“溟”中有骇人的怪物也不足为奇。

栖息于“溟”之中的名为“鲲”的鱼，据说大到不知有几千里。即使按一里四百米来计算，千里也有四百公里，要是几千里的话，其大小就以一千公里为单位来计算了，说不定有日

1 原文为：“司马牛忧曰：‘人皆有兄弟，我独亡。’子夏曰：‘商闻之矣：死生有命，富贵在天。君子敬而无失，与人恭而有礼，四海之内皆兄弟也，君子何患乎无兄弟也?’”（《论语·颜渊》）

本的本州岛那么大，这正有所谓“白发三千丈”的意蕴。三世纪的注家崔譔说，鲲就是鲸，但实际上，鲲是鲸所远远不及的。

而且，鲲竟然是指鱼卵，是连小鱼都算不上的鱼子。以此作为巨大无比的鱼的名称，简直就是把别人当傻瓜，但其中蕴含了庄子以至小通向至大的思想。

《逍遥游》篇说，鲲变化而成为鸟。但是，鱼无论怎么努力也不可能变成鸟。生活在大陆而与大海无甚关联的庄子，应该不知道有飞鱼之类的事。不过，中国古人相信，鹰变为鸠，鼹鼠变为鹌鹑，腐草变为萤火虫，麻雀入海而变为蛤蜊，等等，这类记载在《礼记·月令》中可以看到。按照这种思路，鲲变为鸟也就不奇怪了。这个鸟就是鹏，即大鹏。

从“北冥”飞向“南冥”的大鹏

如果鲲是大得离奇，那么鹏自然也是大得离奇的。

> 鹏之背，不知其几千里也。怒而飞，其翼若垂天之云。是鸟也，海运则将徙于南冥。南冥者，天池也。

既然鲲的大小不知道有几千里，那么鹏的大小当然也就不知道有几千里了。“怒”是指大鹏奋力拍打翅膀。“垂天”意为天空的一边。大鹏飞起时，它的翅膀把天空的一边都遮盖了。所谓“海运”，是指大风吹拂使海面波涛汹涌，也就是台风或冬季猛烈的季风等狂风大作的情形。此时，大鹏乘着风势从北冥向南冥迁移。

也可以认为，鹏本来就是大风的形象化。“鹏”与“凤”相通[1]，“凤”又与“风”通，这些字有亲缘关系。从猛烈的大风联想到奇大无比的鸟在振动翅膀，也不算非常怪异。

原文对北冥没有任何交代，却特意说南冥是“天池”，这是什么原因呢？撰写《庄子疏》的唐代成玄英说，因为大海和大河原本是自然物而非人造，所以称之为“天池”。照此理解，北冥也是同样的东西。成玄英还说，南方是光明之地，大鹏是从黑暗的北方趋向光明的南方。成疏的这一解释看来是抓住了要害。

就是说，没有“天池”这个解释，南冥就依然不能摆脱因远离日月而幽暗不明的意象。但如果是“天池”，南冥就不再

---

1 唐陆德明《经典释文》：“崔音凤，云：鹏即古凤字，非来仪之凤也。《说文》云：朋及鹏，皆古文凤字也。”见郭庆藩撰，王孝鱼点校：《庄子集释》上，中华书局，2012 年，第 4 页。

是黑暗的南方尽头，而变成超拔于这个陆地世界之外的广阔明亮的天界之池的形象了。大鹏是超越世俗世界的象征，因此，就必须让它从北方尽头的暗海飞向光明的南方天上世界。

乘旋风而上九万里

庄子在这里引用了“齐谐”。所谓“齐谐”，有认为是记载怪异事物的书籍之名的，有认为是颇知怪异事物的人的名字的，两种解释皆可通。不过，这是庄子随意虚构的名称。庄子是要据此证明，鲲和鹏的故事并非无稽之谈，同时也是在嘲笑众人那种对表面上有权威的人或书盲目轻信的习惯。“齐谐”的话是这样的：

> 鹏之徙于南冥也，水击三千里，抟扶摇而上者九万里，去以六月息者也。

“水击”是指大鹏为向上飞而在水面上拍打翅膀。因拍打翅膀而使水面掀起波浪，波及范围达三千里，这仍然是“白发三千丈”之类的夸张描写。“扶摇”指旋风，原本是形容“呼呼”的风声的词。“抟”，古作“摶”，这里是卷起旋风的意思，具有与團（团）和專（专）相同的语感。“专”是把丝线绕在缠线板上，由此引申出揉成团的意思，例如，使心专一就是把心紧凑地收缩成一团而不散开。“团”也是揉成一团之意，或指球形，亦即圆。

原文说：兴起旋风，乘着风向上飞升，竟达到九万里。这也是大胆的表达方式。这远远超出五百公里的大气层，已经上升到地球与月球距离的十分之一高度。当然，这些数字没有具体意义，不过是讲了一番令人惊异的腾空高飞的大话而已。

“息”是风，“六月息”是夏季的大风。虽然也有把“息”释为休息的“息”，从而将“去以六月息”解为“经过六个月后休息”的。但既然是夸张虚构的描写，就要能动人心魄，从这个角度说，还是“上达九万里的高度，乘着大风翱翔而去”这个解释更好。

蓝色是天空的本色吗?

在开篇一通让人为之一惊的虚言大话之后，庄子开始稍作议论：

> 野马也，尘埃也，生物之以息相吹也。天之苍苍，其

正色邪？其远而无所至极邪？其视下也，亦若是则已矣。

“野马”等句的意义不够明晰。“野马”是指烟霭，即天地之间的气。“尘埃”的“尘”是尘土，“埃”是细微的尘土颗粒，尘埃也可以看作是天地间的气。所谓“生物之以息相吹”，是说天地间的有生之物相互吹气。因此，野马啦、尘埃啦、生物的气息等，大概是指充满天地间的气而言的。在庄子的时代，由于人们对大气的本质还不了解，就认为大气是由这些东西构成的。

大鹏在这大气中掀起旋风而起飞，此时从地上遥望高远的天空，天空是呈现蓝色的。但是，在野马、尘埃和生物的气息中，有使天空呈现蓝色的东西吗？这样的东西似乎并不存在。因此，作者发出了疑问：“天之苍苍，其正色邪？其远而无所至极邪？”意思是：天的蔚蓝之色究竟是不是它的本色呢？或者只是因为无限遥远而看起来如此呢？“所至极”意为至极之所，也就是终点。

仰望天空就体会到其蔚蓝之色的奇妙，可见庄子的感觉是柔软而敏锐的。《楚辞·天问》以战国时期楚人屈原提出的关于天地自然和人类历史的诸多疑问而闻名，但其中对天空的蔚蓝色也未曾言及。

但庄子了不起的地方还不在于对天空的蔚蓝之色发出疑问，而在于他“其视下也，亦若是则已矣（从极高的天空俯视下方，同样也是呈现蔚蓝吧）”的推想。在现代，我们有了人造卫星，也知道从人造卫星上所看到的地球的样子，其颜色正是呈蔚蓝色，如苏联宇航员所描述的：“地球是蔚蓝色的。”但是，在没有飞机、更没有人造卫星的时代，庄子何以能做出这种想象呢？如果鲲和鹏是超乎寻常的构思的话，那么，根据天空呈现蓝色而推测出陆地远看起来也是蓝色，则是极为惊人的想象了。

在眺望广阔无际的天空之时，我们为世俗世界所拘系的心灵有时也会得到解放。从飞机上俯视陆地，会觉得地面上的物体很小，这是大部分人的经验。人们之所以特意不辞辛苦地登上山峰，主要是希望享受精神上的释放感。借助悬挂式滑翔机和滑翔伞而像鸟一样在天空自由飞翔是很多人喜欢的体验，此时，人们头脑中的俗念一定会消散而去。

庄子不是通过实际的身体动作，而是试图通过大鹏飞翔的想象，去实现那种精神的解放。这就是原文中所说的，以高飞于天际的大鹏的眼睛来俯瞰地面，种种世俗之事将会消解于广阔的苍茫大地之中。

对于心灵的超越作用来说，这种状态似乎是必要的。庄子创作鲲和鹏的虚构故事，以大鹏的视角俯视大地，就是想营造这种状态。

大鹏起飞的条件

接着，庄子话锋一转，以常识性的逻辑对大鹏起飞的条件进行了讨论。此处是带有鲜明的散文特征的一段，我们把它翻译成现代语来解读：

> 如果水的深度不够，大船就不能浮起。把一杯水倒入坑洼处，如果是小草，就能像船一样漂浮在水上，但若把杯子放上去就会沉底。这是由于水浅船大的缘故。同样，如果风不够大，是没有承载巨大翅膀的力量的。因此，上升到九万里，风才在下面充分地聚成。然后才能乘着风，背靠苍天，无所阻碍。那时，就将飞向南方。[1]

---

1 原文为："且夫水之积也不厚，则其负大舟也无力。覆杯水于坳堂之上，则芥为之舟；置杯焉则胶，水浅而舟大也。风之积也不厚，则其负大翼也无力。故九万里，则风斯在下矣。而后乃今培风，背负青天而莫之夭阏者，而后乃今将图南。"（《庄子·逍遥游》）

大鹏起飞需要九万里的大气的量，抛开这一点暂且不说，这段话确实是极具逻辑性的。看上去似乎是荒唐之言，却一变而为所谓正经的议论，庄子的论调是变化自如的。

庄子一方面强调大鹏异乎寻常的巨大，另一方面又安排对照性的存在物登场，这就是蜩（蝉类）和学鸠（鸠鸽类）。蜩和学鸠看到大鹏超常的行为，就嘲笑说："我振翅而飞，奔向榆树、枋树，有时飞不到那么远，就落在地面上。为什么要上升九万里，然后飞向南方呢？"

蜩和学鸠是极为普通的虫和鸟，它们的活动范围充其量不超出榆树和枋树生长茂盛的区域。它们也是极为普通的众人的代表。众人常常是在日常琐碎的事务上劳神费力，深陷其中，并以此为标准评论他人的生存方式。然而，这只是对他人生存方式的无知。

庄子对此作了更进一步的详细说明：

> 出游近郊的人，要准备三顿餐食。吃了这个餐食，返回时仍然腹中饱满。出行百里之外远方的人，前一天要准备捣舂好的米。如果是千里之外，要用三个月时间准备粮食。这种情况，这两个小动物又怎么知道呢（之

二虫又何知)?[1]

这就是说，各种行为都必须具备相应的条件。因此，“之二虫又何知”一句的意思是，矮小的蜩和学鸠不能理解大鹏的行为。“虫”除虫子的意思外，有时也泛指动物，此处即是此意。古代称兽类为毛虫、鸟类为羽虫、龟类为甲虫、鱼类为麟虫（《大戴礼・曾子天圆》）。依此而言，人类是倮虫。“倮”与“裸”同，即人类是裸露之虫。

“之二虫”是指蜩与学鸠，大多数人都会如此理解。但是，三世纪时整理《庄子》并作注的郭象却解释说：“二虫，谓鹏蜩也。”这里说的“蜩”，无疑也包含“学鸠”。郭象的这个解释实在是很奇怪。其意思是，鹏和蜩都不自觉地各自处于悠然自适的状态，所以没有必要相互批评。这是郭象学派万物皆合于性分而逍遥这一独特思想的体现。但是，认为这就是庄子思想的原意，还是颇为牵强的。

因此，大鹏出于自身的理由而跃升于九万里的高空，然后飞

---

1 原文为：“适莽苍者，三飡而反，腹犹果然；适百里者，宿舂粮；适千里者，三月聚粮。之二虫又何知!”（《庄子・逍遥游》）

向南方。同样，在世俗中生活的我们，要超越世俗，还是要具备相应的条件的。就是说，这个条件才是理解庄子思想的关键。

“小知不及大知，小年不及大年”

在将巨大的鹏与矮小的蜩和学鸠作了对比之后，庄子进一步围绕大小的观点展开论说。

> 小知不及大知，小年不及大年。奚以知其然也（怎么知道是这样呢）？朝菌不知晦朔，蟪蛄不知春秋，此小年也。

“知”是指知识和智慧，“年”则是指寿命。这句话的意思是说，小知、小年比不上大知、大年，所以，并不是无论大小都各自逍遥，矮小的蜩和学鸠终究是比不上大鹏的。

“朝菌”一词，有两种解释，一说是指早上长出、晚上枯萎的菌菇类植物，一说是早上出生、晚上死去的虫类。“晦朔”一般意为每月最后一日和第一日，这里是指夜晚和早晨，意为一天。早上出生则夜晚死去，夜晚出生则早上死去，如果仅有如此短暂的生命，当然就无从得知完整的一天。

关于“蟪蛄”，也有几种说法，但作以下解释就可以了：蟪蛄是一种蝉，它春天出生则夏天死去，夏天出生则秋天死去，因此不知道一年有春秋之季。

那么，大年是什么呢？

> 楚之南有冥灵者，以五百岁为春，五百岁为秋；上古有大椿者，以八千岁为春，八千岁为秋。

古代以春秋表示年龄，所以这里春和秋的意思是寿命。这是说：楚国南方称为“冥灵”的东西寿命上千年；上古的“大椿”寿命一万六千年。从以半年为春、半年为秋的观点来说，一般认为冥灵和大椿两者都是树木的名称，但是，树龄达千年的树木，虽然不多见，却无疑是存在的，庄子若是特意将其作为大年的例子举出来的话，似乎有些不恰当。后世，在被认为是明代人罗勉道的注本（《南华真经循本》）中，有认为“冥灵”是冥海之灵龟的说法，此说似乎更好。

至于树龄一万六千年的树木，让人想起屋久岛的绳文杉。[1]无

1　屋久岛的绳文杉，指日本九州鹿儿岛南端屋久岛上生长的古树。

论是冥灵还是大椿，都有所夸张，但没有夸张到像鲲和鹏那样超乎想象的异常巨大的程度。在这里，庄子举出完全可能存在的短命和长寿的生物，来提高鲲和鹏的可信度。即是说，既然异乎寻常的长寿生物是存在的，那么异乎寻常的巨大生物的存在也是可能的。

于是，讨论就沿着如下方向展开："小年不及大年"，但大年若要自夸则不可取，因为从更大的大年看来，它也只不过是小年。

而彭祖乃今以久特闻，众人匹之，不亦悲乎！

彭祖是以长生闻名的上古传说人物，其寿命据说有八百岁或七百岁。"匹"是匹敌的匹，为比肩之意。庄子说，人们都祈愿像彭祖那样长寿，但彭祖与冥灵或大椿相比也不过是小年，想成为这样的彭祖，是何其可悲！这个理论最终与《齐物论》篇"莫寿（长寿）于殇子（夭折的婴儿），而彭祖为夭（短命）"的议论相联系。

2. 以至极之境为目标

大鹏再次出场

庄子首先豪迈地描绘出鲲和鹏的形象，似乎从大鹏的视点出发超越了陆地上的种种事物，但展开大与小的议论后，稍稍拘于说理。因此，庄子又以“汤之问棘也是已”一句，让大鹏再次登场而转入故事的叙述。原文重复叙述了与开篇故事至蜩和学鸠出场这部分几乎相同的内容。有人认为这可能是大鹏故事的异传，不过这个问题在此处是无关紧要的。

汤是殷王朝的创立者，棘是殷汤时代的贤人。《列子·汤问》记载了汤向夏革提出各种问题的场景。“革”与“棘”，古代的发音是相同的。在这个对话中也有关于冥灵和大椿、鲲和鹏的故事。庄子援引汤和棘的对话，大概是要说，自己所述之事也有此文献依据。今天我们看到的《列子·汤问》

的篇章，或许倒是根据《庄子》的叙述创作出来的。但是，庄子那个时代有关汤和棘的对话被认为是有其传承的。

我们回到《庄子》。“汤之问棘”故事中的鲲和鹏，并没有被构想为鲲变化而成为鹏，而是被描写成两者皆为巨大离奇之物。而在大鹏跃升九万里飞向南冥时嘲笑它的则是“斥鴳”。“斥”是水池或小的沼泽，“鴳”大概是麻雀之类，斥鴳就是生长在水池或沼泽边的小鸟。与开篇的故事相比，仅有这种细小的差别，其余内容基本相同，并以“此小大之辩也”作结。“辩”是辨别、区别的意思，这里是让斥鴳来体现“小知不及大知”。

在开篇的故事中，围绕大鹏上升九万里而南飞，通过出行目的地与准备粮食的例子指出，不同的行动皆需满足相应的条件。在这里，则以斥鴳的观点为基准而写道：

> 故夫知效一官，行比一乡，德合一君，而（能）征一国者，其自视也亦若此矣。

“知效一官”意为其才智仅能担任一官之职。“行比一乡”意为其行为只能感化一乡之人。“德合一君”是说其德性仅符合一位君主的心意。“而（能）征一国”，意思是其能力仅为一国所聘用，“而”与“能”通用。关于这四句的解释，在细节上存在许多分歧，但主要是在批评像蜩和学鸠、斥鴳那样满足于小才能而以自己的理想为至高无上的人，我们在理解的时候首先抓住这一点就可以了。这暗示着，我们众人或许也无非是这样的存在。

“若此”是指斥鴳之类的观点，“自视也亦若此”就是用斥鴳那样的观点来看待自身。因此，这里是从上文所说的行动及其条件的客观性问题，深入到了自我认识的问题。对人来说，自我是绝对性的，故而满足这个自我是重要的，但若仅以世俗的价值为标准而自我满足，就与蜩和学鸠、斥鴳之类的短见浅识无异了。

宋荣子的境界

此处庄子又安排了一位宋荣子出场。根据各家的解释，宋荣子又作宋钘或宋牼，宋国人，他曾提出人的欲望本来是寡少的、受到侮辱而不以为羞耻等观点，发起反战和平运动。在杂篇最后一篇《天下》中，宋荣子也以宋钘之名出现。庄子大概是视其为本国的先贤，特别关注其“见侮不辱”之说而有所论及。

宋荣子的态度是“犹然（舒缓地）笑之”，与上述的俗人是不同的。“笑之”是嘲笑“自视也亦若此”的世人的自我满足。那么，他的理想境界是何种风貌呢？那就是：

举世而誉之而不加劝，举世而非之而不加沮。

这在《庄子》书中也是名句之一，意思是说，宋荣子即使受到所有人的褒扬，也不会因此而更加勉励；即使受到所有人的诽谤，也不会因此而更加沮丧。这的确是超然之境，我们一般人受到赞扬就会喜悦、受到诋毁就会气馁，无论如何是做不到宋荣子这样的。

宋荣子何以能如此超然？那是因为他“定乎内外之分，辩乎荣辱之境”。所谓“内外之分”是指自我的精神这一内心世界与自然和社会这一外部世界的区别。划定这一区别，内心就不为外部环境所扰乱。“辩乎荣辱之境”的“荣辱”指荣誉和耻辱，“境”是处境，“辩”是辨别之意，意思是辨别荣誉和耻辱的处境。但辨别不是单单区分何为荣誉、何为耻辱，如果与“定乎内外之分”而保持内心平静这一点联系起来考虑的话，与其说是区分了荣誉与耻辱，不如说是领悟到了荣誉和耻辱都不是应该执着的处境。

虽说大鹏的飞翔是超越世俗世界的象征，但那是寓言，我们不可能直接变为大鹏。到了宋荣子的阶段，才进入人的层面的言说。不为荣辱的处境所影响，这就是超越。这样说的话，我们也就能具体地抓住一个形象。

但是，对于宋荣子的境界，庄子说它“斯已矣”（仅此而已）而不予赞同。他认为，宋荣子的确是“彼其于世，未数数然也”，但是，“虽然，犹有未树也”。“数数然”意为对事物汲汲追求和忙碌追逐，“树”是立的意思。此句是说，宋荣子虽然没有劳碌于世俗之事，但是，仅仅是不劳碌于世俗之事，还不能使他立于至极之境。由此，庄子又举出一个似乎领悟了至极境界的人物，这就是列子。

列子的境界

《庄子》杂篇中的《列御寇》篇是讲列子的，但这位思想家的生平事迹尚不明确，甚至其人物的真实性都有疑问。庄子描写说“夫列子御风而行，泠然善也，旬有五日而后反”，也是含混不清。

“御风而行”即乘风出行。与宋荣子相比，这是远为超脱于世俗世界的。“泠然”是爽朗轻快的样子，“善”是赞赏之意。“旬”指十天，“旬有五日”意为十天加五天。列子乘着风出行，经过十五天也要返回。有注解说，这是基于十五天后天气和风发生变化而言的。

列子乘风而行的描写，是表现他的状态犹如仙人一般，还是对他不被世俗所束缚的象征性的表达呢？结合上下文来看，似乎更接近仙人的形象。理由是，列子虽被给予“彼于致福者，未数数然也”的评价，但结论是他“此虽免乎行，犹有所待者也”。

“致福者”是指给人带来幸福的各种事情。对于这些好事，列子是“未数数然也”，不劳心费神去追求。“免乎行”就是免于步行的烦累。列子是乘着风游行，所以不需要走路。也就是说，列子被描述成如仙人一般。“所待”意为依据、所依赖之物。列子不会汲汲追求幸福，也不需要步行，但要出行则不能没有风，出行经过十五天，风发生变化，就必须返回。在这个意义上，他仍然有风这种需要依赖之物。列子走在相当正确的路线上，但并非是完美无缺的。

至极的生存状态

那么，达到至极之境者究竟是什么样的人呢？庄子说：

若夫（说起来）乘天地之正，而御六气之辩，以游无穷者，彼且（这样的人还将）恶乎待哉！

“天地之正”指天地自然之道，乘着“天地之正”就是与天地自然之道完全同一。这样的表述实在是有些抽象，但也是庄子所擅长的。此处所言，是庄子思想的核心部分。

关于“六气”一词，有多种解释，认为是指阴、阳、风、雨、晦、明之气的观点具有代表性，还有认为是指天地和春夏秋冬之气等说法。“辩”是变化的意思。所以，把“六气之辩”理解为因气而发生的天地自然的一切现象，是没有问题的。

就是说，达到至极之境者与天地自然之道同化，故能制御天地自然的一切气的现象，游于无穷尽的境地。这种境界虽然不像列子那样需要依凭风，但总觉得有些仙人的意味。“游”就是悠然自得地委身于那个境界之中，这样的人已经不依待于任何物。这才是庄子所设想的至极的存在。

藐姑射的神人

《逍遥游》篇首的寓言故事从讲述鲲和鹏开始，·到这里就要结束了。接着是四篇短小的对话，其中肩吾与连叔的对话这一节，以肩吾转述接舆之语的形式，描述了似乎是将上述至极存在具象化了的“神人”。肩吾、连叔和接舆都是中国传说中的贤人，但庄子此处只是借用其名而已。

接舆对肩吾谈论的神人形象是这样的：

> 藐姑射之山，有神人居焉，肌肤若冰雪，绰约若处子。不食五谷（黍、稷、麻、菽、麦），吸风饮露。乘云气，御飞龙，而游乎四海之外。其神凝，使物不疵疠而年谷熟。

可以说，这是中国思想史上描写仙人形象的最早的文字之一。“藐姑射”，日语可读作“**藐(とお)き姑射(こや)**”、“**藐(ばく)姑射(こや)**”或“**藐(は)姑射(こや)**”，有注解认为是山的名称。在我国，祝祷太上皇的宫殿称为“藐姑射”，就是依据这种解释。“冰雪”就是冻雪，形容神人肌肤之细腻。“绰约”意为柔和、优美。“处子”是指年轻的女子。这是说，神人犹如少女般柔和而优美。

“不食五谷，吸风饮露”，简直就是仙人形象的固定标志。这种说法是基于食五谷使人身体变重的观念而来的。“乘云气，御飞龙，而游乎四海之外”，是表现神人自由自在的生存状态。既然是游到了“四海之外”，神人就是无所不至的，直到宇宙边际。

神人可谓造物者

而且，原文说“其神凝，使物不疵疠而年谷熟”，可见所描写的不只是仙人，而应当称为如神一样的人，即神人。“神凝”是使精神集中专一。“疵疠”意为灾祸、伤害。“年”指果实。就是说，神人如果凝聚精神，万物就不会有任何灾害，五谷也会成熟。这样的话，岂止是神人，简直可以称得上造物者了。

因为过于离奇，肩吾对接舆的话不能置信，他告诉连叔：“吾以是狂（虚妄）而不信也。”但连叔却说：

> 确实如此。盲人不能观赏绚丽的色彩，聋者不能欣赏美妙的音乐。但是目盲和耳聋不只限于身体，在智识的层面也有这种情况，这说的正是当前的你这样的人吧。[1]

---

1 原文为：“然。瞽者无以与乎文章之观，聋者无以与乎钟鼓之声。岂唯形骸有聋盲哉？夫知亦有之。是其言也，犹时女也。”（《庄子·逍遥游》）

就这样完全否定了肩吾的看法。用连叔的话来说，藐姑射的神人之德“广泛地包络万物而为一（同一），即使世人期望神人治理天下，神人也不会汲汲于此”。[1]“广泛地包络万物而为一”，是站在天地自然之道的立场来看待万物，就像大鹏从高高的天空俯视地面一样，万物的差异全然消解了。这里之所以言及治天下之事，是因为在肩吾和连叔的对话之前，有一段尧和许由之间关于统治的问答。

连叔进一步说，神人不会为物所伤，

> 大浸（洪水）稽天而不溺，大旱（干旱）金石流、土山焦而不热。

面对滔天的洪水而能泰然处之，面对使金石融化奔流、土山燃烧枯焦的干旱也镇定自若，这几乎就是科幻小说中超级英雄的形象了，这是与天地自然之道为一体者的典型表达。

---

1 原文为：“将旁礴万物以为一，世蕲乎乱，孰弊弊焉以天下为事！”（《庄子·逍遥游》）

突兀的结论

回到关于“乘天地之正”的至极者的讨论。在叙述了至极者不依待于任何事物之后，庄子突然作了总结：

> 故曰：至人无己，神人无功，圣人无名。

这也就是始于鲲鹏故事的《逍遥游》篇开篇寓言的结论。后面接着是尧和许由的对话等四篇故事，全篇以此作结。

但是，若将此句作为结论，还存在太多疑问。第一，这个结论与从鲲鹏故事到关于至极者的讨论如何在逻辑上相联系，是不明确的。第二，此句的意义所指是模糊不清的。第三，至人、神人、圣人三者之间的关系也不太清楚。“神人”，如上面所看到的，在后文中以藐姑射山的神人形象出现。“至人”和“圣人”，此处之外至少在《逍遥游》篇中没有出现过。因此，从鲲鹏的豪迈壮阔的故事这个开端来看，这是一个不自然且虎头蛇尾的结论，就像是硬安上去的。

为什么会如此呢？实际上，这种文句可以认为是当时道家思想的固定语式，“故曰”的表达方式就体现了这一点。当时的道家思想的代表是《老子》，不过这类表达方式在今本《老子》中看不到。而庄子在充分地展开自己思想之后，以当时或许是尽人皆知的道家思想的固定句式结束了文章。

如此一来，如果从上文列举的三个方面的疑问来分析《逍遥游》篇的这个结论，就没有太大意义了。因此，首先，被当作“无”的“己”“功”“名”都是世俗世界的价值，抓住这一点也就足够了。就是说，至极的存在者是超越世俗价值的。

在大鹏的故事中，做了这样的思考：从翱翔于天空的大鹏的视角俯视陆地时，陆地也是蓝色的，就像天空是蓝色的一样。在这种蓝色中，束缚我们的种种世俗事务将会解除殆尽。关于与天地自然之道一体化了的至极的存在者，以及似乎是其具象化的藐姑射的神人，其存在状态略见一斑，即游于无穷之境地，无论多么严酷的灾害都不能对他造成伤害。

这些都是庄子思想的核心，也可以说是庄子所追求的至极的生存状态。至此，我们已经进入了庄子思想世界的中心地带。

但是，大鹏飞翔的高度等说法，如前所述，只是寓言，如果我们要在自己思想中确立那样的高度，就必须有比《逍遥游》篇远为缜密的理论准备。而且，我们不可能直接变成神人，因此，与天地自然之道一体化究竟是什么状态，必须对各种不同的情况进一步加以思考。《庄子》关于这些问题的考察，是在《齐物论》及后面的内、外、杂诸篇中阐明的。

因此，接下来就要讨论这些问题。但在这之前，先在第二章和第三章中，从传记和思想形成等方面，对庄子其人作一讨论。

庄子的生平

——清贫自适的人生

1. 生于被轻侮之国

拒绝楚王招聘

庄子生活于中国的战国时期，具体的生卒年不详，大约与孟子同时，活动于公元前四世纪后半期到公元前三世纪前半期。那是一个诸侯国之间激烈交战的时代，各国君主为增强国力而广求人才。有一次，楚王听闻庄子是贤者，打算请他作宰相，于是派使者带着厚礼拜访庄子。

当时，庄子常在濮水钓鱼。濮水是流经魏国的一条河，从庄子的活动范围来说，濮水这个位置似乎有些太靠北了，但这里且不细究。楚王的使者是两位大夫，他们见到庄子后，恭恭敬敬地传达了国君的话："愿以境内累矣！（请您担任宰相来照管我国吧！）""境内"是指诸侯国的领土以内。如果直译此句，就是国内的事务还请您受累。但是，庄子手持鱼竿，连头也不回地说：

吾闻楚有神龟，死已三千岁矣，王巾笥而藏之庙堂之上。此龟者，宁其死为留骨而贵乎，宁其生而曳尾于涂中乎？

意思是：我听说，楚国有三千年前的龟之甲壳，占卜非常灵验，王用丝绸将它包裹起来存入箱内，藏在庙堂（指宗庙，即祭祀王的祖先神灵的重要祠堂）之中。这只龟，是愿意被杀死而骨骸得到珍藏呢，还是希望在泥沼中拖着尾巴自在地活着呢？

龟的甲壳无疑是占卜用的重要材料。在甲壳上挖出凹坑，并以艾草等填塞，点火燃烧，使其产生裂纹，依据裂纹的形状来判断所占卜之事的吉凶。既然成了神龟，灵验自不待言。

但是庄子反问，龟究竟是想以那样的方式被尊崇，还是愿意在泥沼中随心所欲地活着呢？“宁其”是提问两个事项中选择哪一项时使用的词语。被这样一问，两位使者也不得不回答“宁生而曳尾涂中”。于是，庄子说：“往矣（回去吧）！吾将曳尾于涂中（我也想在泥沼中拖曳尾巴啊）。”把使者赶回去了。

这则故事见于外篇的《秋水》，可以说是庄子不逢迎权力、安静地生活于世间一个偏僻角落的生存方式的绝好象征。

杂篇的《列御寇》记载着有相同旨趣的故事。此处，招聘庄子的不是楚王，而是“某人”。面对来访的使者，庄子这样回应：

> 子（你）见夫牺牛乎？衣以文绣，食以刍叔，及其牵而入于太庙，虽欲为孤犊，其可得乎！

“牺牛”是国家举行重大典礼时作为牺牲（供品）在太庙（宗庙）献祭的牛。牺牛在典礼举行前的三个月期间被精心饲养，穿着用刺绣装饰的衣服，饲料也是特别供给的。“刍”是草，“叔（菽）”是豆，对牛来说都是美味佳肴。但是，临近典礼举行时，牛就后悔了，即使想做孤犊，即仅仅做一头小牛，也是不可能的了。这就是庄子的回答。

无论是神龟还是牺牛，都被郑重地对待，为国家承担重要的责任。这正与宰相作为臣下在享尽荣华富贵的同时为国家担任重要职务是一样的。一般来说，想当宰相的人比比皆是，但是，一有变故，宰相首当其冲要承担责任而被诛杀。这种事情不是人们所希望的。虽然所使用的神龟和牺牛等比喻之物不同，但庄子拒绝招聘的逻辑是相同的。

《史记》之《庄子传》

西汉司马迁所著《史记》中有《庄子传》。据此所记，以“千金之重利（巨额财宝），卿相之尊位（最高职位）”招聘庄子的是楚威王（前 339 年—前 319 年［去世］）[1]，而庄子笑着对使者说：

> 子（你）独不见郊祭之牺牛乎？养食之数岁，衣以文绣，以入大庙。当是之时，虽欲为孤豚，岂可得乎？子亟去，无污我。

显然，这与《列御寇》篇的内容相同。“独”是“难道”的意思。“郊祭”是王侯祭祀天的仪式。“孤豚”指小猪。“无污”，是说不让权力等污秽之物玷污自己。

但司马迁又让庄子接着说：“我宁游戏污渎（泥水坑）之中自快。”前文才说“无污”，这里又说宁愿生于“污渎

1 一说，楚威王在位时间为前 339 年—前 329 年。见杨宽：《战国史》，上海人民出版社，2016 年，第 764—765 页。

之中”。虽然两个“污”的意思不同，但是上下文的衔接的确不甚畅达。这是因为，此段文字将《秋水》篇中龟的故事作为基础，接合到《列御寇》篇的故事上了，当然这一接合是隐蔽的。同时，文中又摄取了《秋水》篇所述招聘庄子者为“楚王”的内容，根据年代推算，具体确定为威王。此传记在故事的叙述上做得不好，很难说是经过周密思考而撰写的。

庄子被聘为宰相应该是近似于有关庄子的传说一类的内容，其是否为历史事实，在《庄子》中并不特别成为问题，这从《列御寇》篇中招聘者仅作“某人”这一点也能看出。但是，对历史学家司马迁来说，只写作“楚王”是不够的，更不用说“某人”了。

司马迁进一步用心设计对话，让庄子说“无为有国者所羁（束缚），终身不仕，以快吾志焉”，从而结束故事。假如试着拿这句话作《秋水》和《列御寇》篇故事的结尾，那完全是画蛇添足，破坏了庄子尖锐机敏的议论的趣味性。但是，对历史学家司马迁来说，如果不用这种现实性、事实性的语言加以总结，是无论如何不能安稳的。司马迁觉得，附上这一句话，可信度不高的传说就被赋予了历史的地位。

庄子的故乡宋国

我们没有必要一切都照顾历史学家的情面，因而可以参考庄子的相关传说来自由地进行思考。但是，首先要依据《史记·庄子传》从庄子的故里等问题开始讨论，因为《庄子》一书中看不到相关的记载。《庄子传》的开头有“庄子，蒙人，名周，曾为蒙漆园吏”的记述。

关于蒙为何地尚存疑问，古注中有宋国蒙地的说法。庄子，即庄周，是宋国人。宋国的首都在今天河南商丘附近。商丘是为周所灭的商（亦称殷）人被集中于此所建的城市，商丘即商人所居住的山岗之意。

直到春秋时代（前 8 世纪—前 5 世纪），某一国即使被灭，也并非完全消亡，而是让适当的人留下来祭祀本国祖先的神灵。因为不这样做的话，亡国的祖先神灵可能会作祟。周灭商之后，当然也是这样做的。

作为被灭王朝的遗民所建立的国家，宋继承了与周王朝典型风俗不同的古老风俗习惯。也就是说，在周的诸侯国看来，宋国是一个异类的国家。况且，因为是战败国的遗民，所以宋人会被周人如何看待是不难想象的。商人开创的生计，即商业，在阶级上也被置于士农工商序列的最低等级。

亡国之民被轻侮的故事多有流传。商为周所灭，但商也是灭了夏而建立的王朝。被灭的夏王朝的子孙所居之国叫杞，今天，在商丘西约八十公里的地方有杞县。

《列子·天瑞》记载了这样一个故事：杞国有个人，担心天崩塌而掉落下来，以致夜不能寐，饮食不进。关心他的人劝导他说，天是由气积聚而成的，所以不会掉下来，这人听闻后，稍微踏实了一些，又开始忧虑地会不会崩裂。人们告诉他，地也是由气积聚而成，不会崩裂，他这才终于放下心来。

这个故事就是“杞忧”一词的出典，意为“担心没有必要担心的事情，担心毫无价值的事情”。此故事的背后隐藏着这样一种蔑视，即只有在灭亡王朝后代的杞国，才有这样愚蠢的家伙。不过这个故事是天地由“气”所构成这一思想开始流行时代的产物，不能上溯到春秋战国时代。

但是在现代，由于全球范围的严重环境污染和生态破坏，可就不能断定天塌下来的事不会发生了。

愚蠢的宋人

对于宋人的蔑视也随处可见。以宋人为对象的笑话比比皆是，在战国时代，宋人简直就是傻瓜的代表。

比如，有个人在正在做农活，一只兔子奔跑过来，撞在田间的树上，折颈而死。此人想，这可太好了。于是从第二天开始，放下农活不干，只等着再有兔子撞树。这个守株的宋人的故事，见于《韩非子・五蠹》。在日本，这个故事甚至被创作成童谣《傻等》，由北原白秋[1]作词。白秋的故乡福冈县柳川市还立有“傻等”的石碑。

《孟子・公孙丑上》中记述了一个故事，有个宋人想让麦子尽快成熟，就把麦苗向上拽起，结果麦苗全部枯萎。

有个叫澄子的人，自己丢了黑色衣服，就说在路上行走的女子的黑色衣服是自己的，而抓住她不放手，这是宋人（《吕氏春秋・审应览・淫辞》）。燕石（燕山所出的石头，似玉而非玉）与瓦石无异而毫无价值，但有人深信这是宝贝而将其秘藏起来，有位客人告诉他此物只是破烂儿，他却大为恼怒而藏得更多，这也是宋人（《太平御览・地部・石上“阚子”》）。

这些都是嘲笑宋国平民的故事，还有嘲笑春秋时代一位尊贵的诸侯的成语“宋襄之仁”。宋襄公隔河相望与楚国作

1 北原白秋（1885—1942），日本诗人、歌人。有诗集《邪宗门》《回忆》，歌集《桐之花》，童谣集《蜻蜓的眼睛》等。

战，宋军已经整齐阵容，楚军还在渡河途中而队列未整。襄公的部将献策说，我军寡而敌军众，因而现在是攻击的好时机，但襄公不许。这时，楚军已全军渡河完毕，但尚未完成列阵。部将再次建议进攻，襄公以为攻击尚未摆好阵列的军队是不仁的，还是没有许可。于是，就在楚军列阵完毕后开战，结果宋军大败，襄公也受伤了。因此，当时的人们称之为“宋襄之仁”而加以讥讽。此故事见于《春秋左氏传》僖公二十二年（前 638 年）。总之，宋国从国君到百姓皆被嘲讽。

庄子就是这个在周王朝统治下被当作轻蔑对象的宋国之人。他对世俗的讽刺和嘲笑，随时准备反击的姿态，以及对厌世观的认同，都与其故国的这种处境不无关系。

蒙和漆园

关于庄子的出生地蒙的地理位置，有不同的说法。用今天的地名来说，庄子故里位于商丘西北约五十公里的民权附近，那里有一条名为庄子胡同的街道。在其周边的村子旁，甚至有庄子墓，墓前立着清代乾隆皇帝手书“庄子之墓”的石碑。据说，“文革”中，因摧毁旧文物的运动，墓被挖掘了。按村民的说法，挖掘得相当深，但什么也没有挖出来。尽管如此，还是若有其事地填上土。这也是为了与下述安徽蒙城一方争夺庄子故里的正宗地位吧。

安徽蒙城位于商丘以东约一百七十公里，有人主张，这里才是宋国的蒙，是庄子的故里。漆园也被认为位于蒙城郊外。但近年来，原来的文物因洪灾皆已毁失，现在只有写着“漆园”二字的一幢石碑立在那里。据说原来还有庄子祠堂，因洪灾而迁移，搬迁地不详。

无论是民权附近的庄周故里，还是蒙城的庄周故里，都是贫穷的，到处是灰尘，不过那种气氛倒是颇有庄子风格。我实地访问的只是这两个地方，而关于庄子故里，还有其他说法。但目前没有必要具体确定蒙的地点。

蒙城的漆园是个地名，但关于漆园，除地名之说外，还有如字面意义所示的漆树种植园的说法。庄子是漆园的官吏，官吏一词的原文是“吏”，就是说，庄子似乎曾担任下级官吏，而漆园是指地名还是漆树种植园无关紧要。只是，庄子从何时到何时任职不得而知。或许，他在做官吏的同时磨炼自己的思想，自成一家后，进行了一些游说活动。

2. 游说中表达的思想

虎狼亦仁

庄子游说的实际情况究竟如何，无从得知。但在关于庄子的故事中，可以看到几则他游历各国的记述，这些记述或许反映了庄子曾经游说于列国这一事实的些微记忆。《庄子》中大量的孔子游历故事是根据孔子五十五岁以后浪迹于列国的历史事实创作的，庄子游历各国的记述也正是属于这一类吧。[1]外篇的《天运》中有一则庄子教诲为政者的故事，具体来说，就是与商太宰荡谈论“仁”的对话。商就是宋，太宰是宰相。就是说，庄子向本国的宰相论说自己的观点，这不能说是游说，而是比较复杂的讨论。我们就先从这则故事说

1 这里的意思是，庄子游历各国的记述大概也是根据他游历列国的历史事实创作的。

起吧。

有一次，太宰荡向庄子询问关于“仁”的问题。不用说，仁是儒家最尊崇的德目。对于荡的提问，庄子回答说：“虎狼也是仁的。”听到虎和狼也是仁的这个回答，荡吃了一惊，不知这究竟是怎么回事，而庄子以“虎狼也是亲子相爱，怎么能说不仁呢”的回答予以应对。

但关于这一点，需要稍加说明。仁是儒家特别崇尚的德目，被加以各种各样的解释。其中《论语·学而》“孝弟也者，其为仁之本与”一句是一个重要表述，阐述了“孝”和“弟”（一般写作“悌”）是仁的根本。这句话不是孔子说的，而是其弟子有若讲的，见于《论语》开篇“学而时习之”章的下一章。从次序上也能看出，这句话是被重视的。孝是孩子对父母所抱有的感情，悌是弟弟对兄长抱有的感情，两者都是对上司或长辈的尊敬或亲爱的心情。就是说，发源于家族关系的情感构成仁的根本。在此意义上，庄子所谓虎狼也有仁的说法，也不能说特别奇怪。甚至可以说，虽是谐谑之言，但准确地指出了儒家所谓仁的一个方面。

但是，对太宰来说，仁竟被与虎狼的情感等同视之，感觉自己被愚弄了。他想，我所问的可不是那种仁啊。所以就反击道：“请问至仁。”逼问什么是至极之仁。对此，庄子答曰："至仁无亲。"这又是目中无人的回答方式。以亲爱为本质的仁的极致，何以能说是没有亲爱呢？因此，太宰紧接着追问："我听说，不亲爱就没有亲爱之情，没有亲爱之情就不是孝。说至仁不是孝，可以吗？"[1]

不让天下人意识到自己

由此，庄子开始了长篇大论，他回答说：

> 并非如此。至仁本是更高一层的德目，孝不足以说明它。而且，你的议论并没有超出孝的层次，甚至还没有达到孝的层次。去南方的楚国旅行的人，到达楚国都城郢时，即使向北回望，也看不见北方尽头的冥山。这是为什么？因为离开得太远了。如果朝着别的方向走，此处的事物只会越来越看不清楚。你的议论也是如此，

1 以上涉及的原文为："太宰荡问仁于庄子。庄子曰：'虎狼，仁也。'曰：'何谓也？'庄子曰：'父子相亲，何为不仁？'曰：'请问至仁。'庄子曰：'至仁无亲。'太宰曰：'荡闻之：无亲则不爱，不爱则不孝。谓至仁不孝，可乎？'"（《庄子·天运》）

行进的方向是错误的。因此，有这样的说法：以恭敬的心情行孝容易，以亲爱的心情行孝则困难。以亲爱的心情行孝容易，意识不到是父母则困难。意识不到是父母容易，不让父母意识到自己则困难。不让父母意识到自己容易，意识不到天下人则困难。意识不到天下人容易，不让天下人意识到自己则困难。[1]

庄子究竟是想表达什么呢？我以为大体上是如下意思：

怀着敬意去从事孝的行为，有形式上的规矩可循，所以比较容易。而亲爱之情是自然性的，所以，怀着亲爱之情去行动确实比按敬意行动更困难。亲爱之情虽是自然性的，但它是自觉的情感。如果亲爱之情是有意识的，那么，无意识地行孝由于是更全面、更深刻的心灵活动，所以比依据亲爱之情行孝更困难。这里，对父母从恭敬到亲爱，从亲爱到无意识，有一个情感逐步深化的过程。但是，虽然自己无意识，

---

1 原文为："不然。夫至仁尚矣，孝固不足以言之。此非过孝之言也，不及孝之言也。夫南行者至于郢，北面而不见冥山，是何也？则去之远也。故曰：以敬孝易，以爱孝难；以爱孝易，以忘亲难；忘亲易，使亲忘我难；使亲忘我易，兼忘天下难；兼忘天下易，使天下兼忘我难。"（《庄子·天运》）

但如果父母意识到了自己，那仍然是亲子双方都还生活在普通的常识世界。消除作为他人的父母的意识，比起消除自己的意识来，确实更为困难。接下来，即使消除了父母和自己之间的意识的隔阂，要对世间所有人无所意识，也是困难的。这里的意识，不仅仅是无论何事都在意他人看法这种朴素意义上的意识，更是本来就有的对世间的意识，例如“孝”这个词就已经包含了世间的意义。只要有一丝自己在行孝的意识，那就必然是对世人有所意识。再进一步，假设自己这一方的意识消失了，他人即便有亲疏远近之别也仍然会意识到自己，因而消除这种意识是极为困难的。庄子的意思是，能做到不让天下人意识到自己才算是至仁。

至仁和不仁

上述讨论是从当时人们最切身的孝的问题开始，而达到超越一切情感和意识的自然的境界，认为这才是至仁的境界。这种仁当然与儒家所说的仁不同，在彻底否定人的情感和意识这一点上，甚至有非人的意味。但是，《天运》篇以开篇“天其运乎？地其处乎？日月其争于所乎？（天空是在运行吗？大地是静止的吗？日月是在相互争夺位置吗？）”的说法为代表，原本就是强调天地自然的活动的。天地自然的活动当然都没有感情和意识。就像内篇的《逍遥游》中出场的“乘天地之正”的至极者那样，在庄子的思想中，至仁无疑就是与此天地自然的活动融为一体。

道家思想中本来就有将天地自然活动与仁联系起来把握的思考方式。例如《老子》第五章有：“天地不仁，以万物为刍狗。圣人不仁，以百姓为刍狗。”

“刍狗”是草编成的用于祭祀的狗，祭祀完毕就舍弃。而舍弃之时既不会有留恋，制作之时也未曾寄托爱的感情。不过是淡然地制作，祭祀完后又淡然地丢弃而已。同样，天地产生万物之时也是淡然地产生，让它们存在一定的时间后，又淡然地将它们抹去。这其中不可能包含亲爱之情，因此说“不仁”。圣人面对百姓即人民的情况亦是如此：圣人不对众人怀亲爱之情，所以是“不仁”。圣人只是被比作天地来说的。

这个“不仁”与《天运》篇的“至仁”几乎是相同的。只不过，《老子》是从天地的角度看，故言“不仁”；《天运》篇是从人的角度看，故言“至仁”。《天运》篇的论述，可以说是以天地自然的活动为对照，试图从感情和意识的某处嗅出自我中心性的虚伪气息，并将其彻底清除。

这是一段总体上带有极端洁癖的论述，大概不是庄子之言，而是其后学之论，但在超越世俗的情感和意识而与天地自然融合这一点上是庄子式的。

《天运》篇此后还有一些讨论，论述了像上面提及的《老子》中的圣人那样的存在，他的卓越德性甚至超过古代的圣王尧和舜，却不有意为之；他施与恩惠，泽及万世，而天下人却对此无所知。与此相对，孝悌和仁义之类则是将人本来自然具有的德性勉强加以运作的东西，因而不值一提。这是一种补充性的论述。

鲁国只有一位儒者

外篇的《田子方》中也有庄子教诲诸侯国君的故事，篇中设计了一个庄子与鲁哀公的对话，但鲁哀公是孔子晚年出仕事奉的鲁国君主，与庄子活动的年代相差约一个半世纪。尽管考虑故事的真实性没有太大意义，但这个故事为明显的虚构，创作稍显拙劣。其内容如下：

> 庄子拜见鲁哀公，哀公说："鲁国儒者众多，但学习先生之术的人几乎没有。"庄子则回答说："鲁国的儒者

也几乎没有。”鲁哀公反驳说：“鲁国之内，几乎所有人都身着儒服，怎么能说是几乎没有儒者呢？”

于是，庄子回应说：“据我所知，儒者头戴圆帽的知天时，脚穿方鞋的知地形，腰佩玉玦的遇事能决断。但是，习得此术的君子不一定穿这种服装，而穿这种服装的也未必习得此术。陛下如果以为不是如此，就在全国发布一条告示，不学儒术而穿儒服者以死罪论处，看看如何？”

这里借帽子和鞋来讲天时和地形，是以中国古代所谓“天圆地方”，即天是圆形的、地是方形的这种认识为基础的。“方”意为四边形。古代中国人认为，人的脚是“方”的，而人之所以头圆足方，也是因为人体与天地相似。儒者更进一步，在圆头上戴圆帽，在方足上穿方鞋，以表示自己象征着“天圆地方”。不用说，这是对天地无所不知的意思。“玉玦”是一种玉器，通过敲击玉制的环产生断缺而成。“玦”通“决”，表示具有决断的能力。要之，儒者的服装是一目了然、颇具特征的东西。

受到庄子的挑逗，哀公以五日为期限向全国发出布告。五天一到，鲁国穿儒服的人顿时消失了。只有一个人，身着儒服立于宫廷门前。哀公召其询问政事，此人应答如流，滔滔不绝。于是，庄子说："鲁国之内，儒者仅有一人。这能说是多吗？"[1]

世上徒有其表者何其之多，是这则故事表达的旨趣。说哀公时代的鲁国举国皆儒者，是夸大的表述。这则故事并非有什么深刻的内容。尽管只有一人，但堂堂儒者还是登场了，所以作为批判儒家思想的文章也是不彻底的。但是，以辛辣的笔触讥刺世俗潮流这一点，还是足见庄子的风采。

是"惫"还是"贫"？

庄子与国君会面的故事还有《山木》篇所记庄子与魏王的对话。与魏王见面时庄子的装束是粗布的衣服，且布满补

---

1 此故事的原文为："庄子见鲁哀公。哀公曰：'鲁多儒士，少为先生方者。'庄子曰：'鲁少儒。'哀公曰：'举鲁国而儒服，何谓少乎？'庄子曰：'周闻之，儒者冠圜冠者，知天时；履句屦者，知地形；缓佩玦者，事至而断。君子有其道者，未必为其服也；为其服者，未必知其道也。公固以为不然，何不号于国中曰：无此道而为此服者，其罪死！'于是哀公号之，五日，而鲁国无敢儒服者，独有一丈夫儒服而立乎公门。公即召而问以国事，千转万变而不穷。庄子曰：'以鲁国而儒者一人耳，可谓多乎？'"（《庄子·田子方》）

丁，鞋也是破烂不堪，用麻绳捆束着。因为见庄子太过寒酸，魏王就说："先生实在是疲困啊！""疲困"对应的原文是"惫"，即疲劳困惫的惫，是忧患疲劳、面容亦显憔悴的样子。但庄子这样回应魏王：

> 这是贫，不是惫。作为士，有道德而不能实行是惫。衣服鞋子破旧是贫，不是惫。这是所谓生不逢时。[1]

士处于统治阶级的下层，是行政和军事活动的实际担当者。游说列国的知识人也被看作士。这里的"道德"，不是在伦理道德意义上讲的，而是指天地自然之道以及人生来由天地自然所赋予的本性。魏王看到庄子的样子而说他"惫"。庄子则认为，外观上的寒酸是"贫"，而"惫"是更为精神性的。这里，庄子创作了自己擅长的寓言加以说明：

> 大王见过轻巧敏捷的猿猴吧？攀上楠树、梓树的时

---

1 原文为："贫也，非惫也。士有道德不能行，惫也。衣弊履穿，贫也，非惫也。此所谓非遭时也。"（《庄子·山木》）

候，抓住树枝自由自在地到处跳跃，神射手羿和蓬蒙都难以瞄准它。但是，若进入黄杨、荆棘、枸橘林中，它就会慌慌张张、战战兢兢地挪步，身体颤抖而恐惧。这不是猿猴身体失去柔韧性的缘故，而是因为落脚之处条件恶劣，使能力无法充分发挥。[1]

这段话的意思是：猿猴在楠树等大树上能自在地到处跳跃，而在荆棘之类有刺的灌木之中则不能随心所欲地活动。在举猿猴为例加以论证之后，庄子接着说：

今处昏上乱相之间，而欲无惫，奚可得邪？此比干之见剖心征也夫！

“昏上”意为愚昧的君主，“乱相”意为荒唐的宰相。在昏上乱相横行之世，如果去实践“道德”，那么其结局就会与

1 原文为：“王独不见夫腾猿乎？其得楠梓豫章也，揽蔓其枝，而王长其间，虽羿、蓬蒙不能眄睨也。及其得柘棘枳枸之间也，危行侧视，振动悼栗。此筋骨非有加急而不柔也，处势不便，未足以逞其能也。”（《庄子·山木》）“而王长其间”句似未译出，意为在其间称长称王。

因劝谏殷纣王而被剜去心脏的比干一样。“征”是征验的意思，亦即证据，这是说，比干不就是一个典型的例子吗？因此，此句的意思就是：虽然不想变得“惫”，但是做不到。

在有权势的魏王面前说“处昏上乱相之间”，是有些危险的，不过，这应该是庄子在谈论所生活的地域即宋国的状况吧。这样的话，就是庄子走出宋国对声名显赫的魏国君主游说，略微带有取悦于魏王的意味。如果不是处于这种情境下，而仅仅是回答魏王问题的话，那简直可以说是牢骚之言了。无论是发牢骚还是取悦，都不是庄子会表现出的态度。也就是说，这个故事是否传达了庄子心声，还是难以断定的。但是，贫穷的状况却是极符合庄子形象的。

3. 贯彻反权力的精神

“今子欲以子之梁国而吓我邪?”

庄子为什么来到魏国呢？可以说明其缘由的有两则故事。一是来与老友惠子见面的故事，见于外篇的《秋水》。

作为逻辑学家兼雄辩家的惠子，在魏国做了一段时间的宰相。庄子与惠子交好，有一次，他来到魏国与惠子相见。但是，庄子要来魏国的消息传开后，爱管闲事的人就告诉惠子：“庄子到这里是想要取代您做宰相。”惠子虽是庄子的朋友，但是，他对在当时战国时代司空见惯的背叛朋友的事情知之太多。而且，惠子最了解庄子的实力。惠子非常担心，就派人在国内搜寻庄子三天三夜。

这时庄子在哪里、在做什么，无从得知。最终，还是庄子登门拜访了惠子，并对惠子讲了自己擅长的寓言故事：“南方有名为鹓鸰的鸟，你知道吗?”

“鹓鸰”，有注释说是凤凰的一种，这大概是庄子随意虚构的想象中的鸟。而且，“鸰”是雏的意思，因而，它的用意就与上文北极之海中出奇巨大的鲲为鱼卵之意相同。庄子继续说：

夫鹓鸰发于南海而飞于北海，非梧桐不止，非练实不食，非醴泉不饮。

所谓从南海飞往北海，就是从天地的一个尽头飞到另一个尽头，完全是庄子式的虚言大话。“练实”是竹子的果实，“醴泉”的“醴”是甜酒，醴泉也就是美味之水的意思。梧桐、练实和醴泉都是优质之物，鹓鸰非这些优质之物则不停留、不食用、不饮用。而在这时，一只吝啬的鸟登场了。

于是鸱得腐鼠，鹓鸰过之，仰而视之曰：“吓！”今子欲以子之梁国而吓我邪？

文中的“于是”，相当于“那么在此”之意。此句意思是：鸱获取了腐鼠，当鹓鸰从上空飞过时，它仰头而视并出声威吓。现在，你是怕我抢走梁国这只腐鼠而恫吓我吗？以上就是庄子的故事。

“梁国”指魏国，魏国的首都在大梁（今河南开封一带），故魏国称为梁国。作为强国，魏国的宰相拥有显赫的权位，但对庄子来说也不过如同“腐鼠”。称权力为腐鼠，即典出于此故事。庄子或许曾游说于诸侯，但从其思想亦可看出，他并没有致力于对权力的追求。可以说，这个故事将庄子这种不逐权势的态度深刻地展现出来了。

这个故事是庄子和惠子之间似乎产生裂痕的唯一例证。从庄子与惠子对话时的情绪中感觉不到他要面见魏王的积极性，但即使庄子向惠子表明了自己的心迹之后与魏王见了面，也没有过于不自然之感。

涸辙之鲋

还有一则故事，也在日本以“涸辙之鲋”[1]的成语广为流传。此故事见于杂篇的《外物》，内容如下：

庄周家里贫穷，有一天他去向监河侯借粟（粮食）。监河侯是管理黄河的诸侯，有的注释认为是指魏王。

1 日语原文是“車轍の鮒”，亦可译为“车辙之鲋”。

监河侯回答庄子说：“好的。不久将收取领地的赋税，那时借给先生三百金。这样可以吗?”听了这番话，庄周愤然地说：

> 我昨日在来这里的路上，被一个声音叫住。回头一看，在车辙积水中有一条鲋鱼。我问：“鲋鱼啊，你在这里做什么?”它说：“我是事奉东海之神的波浪之臣，你能否汲来一点水救我一命。”于是我告诉它说：“知道了。我这就去往南方，说服吴越之王，然后就可以搅动长江的水来迎接你。这样可以吗?”鲋鱼怒上心头，脸色顿变，回答说：“我失去了与我常伴的水，没有存身之地了啊。现在只要有少许水就能活命，而你却说那样的话。既然如此，那你还是快去干鱼铺找我吧。”[1]

言谈之间立刻就创作出绝妙的故事驳倒对方，这里活灵活现地展现出庄子的风貌。对身处车辙积水中的鲋鱼来说，

---

1 原文为：“周昨来，有中道而呼者。周顾视车辙中，有鲋鱼焉。周问之曰：‘鲋鱼来！子何为者邪?’对曰：‘我，东海之波臣也。君岂有斗升之水而活我哉?’周曰：‘诺。我且南游吴越之王，激西江之水而迎子，可乎?’鲋鱼忿然作色曰：‘吾失我常与，我无所处。吾得斗升之水然活耳，君乃言此，曾不如早索我于枯鱼之肆！’”（《庄子·外物》）

与其几天后得到大量的水，当然不如眼前的一桶水更宝贵。

庄子再怎么贫穷，大概也不会特意去向诸侯国君借粮食吧。从这点考虑，这像是为创作故事而杜撰的情节。但那种贫困的样子和寓言的巧妙，都极为类似庄子本人。而且，这种贫穷的状态，与对魏王讲惫和贫的庄子形象完全吻合。

蜗牛角上的战争

以上，读了几则似乎与庄子游说国君有关的故事后，庄子的贫穷和其创作故事的精巧给我们留下了深刻的印象。但庄子对国君具体讲了哪些方策，基本上没有流传下来。如果庄子所主张的，是人与天地自然之道一体而生，那么他所提出的也就只能是超越世俗的情感和意识的策略，而不持有儒家那种现实性的方策。庄子的言论，即使在一个时期打动了国君的心，也几乎不可能具有现实的影响力。

其中有一段话，庄子在游说过程中很可能曾对国君讲述过，不过故事的主人公不是庄周，而是借魏国贤者戴晋人之口讲述的。这就是我们熟知的蜗牛角上战争的故事，见于杂篇的《则阳》，故事中也有魏王和惠子。

魏王与齐王誓盟，齐王背约。魏王大怒，准备派刺客刺杀之。一位魏国将军听闻此事，认为派刺客暗杀不光彩，提议应该堂堂正正派遣军队进行讨伐。对此，有人进言，现在处于和平时期，不应当发兵讨伐。又有一人说，主张讨伐的和不主张讨伐的都是乱世之人，而说这些话的自己也是乱世者。魏王陷入了困惑，就问："那么，怎么做好呢?"此人回答说："陛下只须求道。"惠子闻此，就将戴晋人引荐给魏王，于是两人展开了如下对话：

戴晋人："有一种叫作蜗牛的动物，大王知道吗?"

魏王："知道。"

戴晋人："有人在蜗牛的左角建立国家，称为触氏。有人在蜗牛的右角建立国家，称为蛮氏。有一次，两国为争夺土地而发生战争，战死者有数万人之多，战胜的一方追击敌人半个月后才收兵。"

魏王："啊，那是编造的故事哦。"

戴晋人："那么，试为大王把故事变成真实看看吧。大王以为天地的上下四方有穷尽吗?"

魏王："无穷尽。"

戴晋人："如果懂得让心在无穷世界中悠游的方法，那么两脚所能走到的这些国家岂不是非常渺小而连是否存在都不能分辨了吗？”

魏王：“是啊。”

戴晋人：“在两脚所能走到的区域内有魏国，魏国之中有国都大梁，大梁之内有大王，大王与蛮氏有什么区别吗？”

魏王：“没有区别。[1]”

这样，魏王最终被看作是与蜗牛角上的国家触氏和蛮氏等同了。文中还说，戴晋人离去后，魏王总觉得怅然，好像丢失了重要的东西的一样。

当我们在飞机上从上空俯视地面，陆地上的万物看上去都小了，一时间有心胸变开阔的感觉。可见，视野的扩大与心灵的开阔是相联系的。登上山峰一览壮丽景色之时，恐怕没有人会小里小气心生烦恼。对宇宙太空抱有兴趣的人，用

---

1 原文为：“戴晋人曰：‘有所谓蜗者，君知之乎？’曰：‘然。’‘有国于蜗之左角者曰触氏，有国于蜗之右角者曰蛮氏，时相与争地而战，伏尸数万，逐北旬有五日而后反。’君曰：‘噫！其虚言与？’曰：‘臣请为君实之。君以意在四方上下有穷乎？’君曰：‘无穷。’曰：‘知游心于无穷，而反在通达之国，若存若亡乎？’君曰：‘然。’曰：‘通达之中有魏，于魏中有梁，于梁中有王。王与蛮氏，有辩乎？’君曰：‘无辩。’”（《庄子·则阳》）

望远镜眺望夜空之时，也就从地上的种种烦恼中解脱出来，戴晋人的视角正属于此类。用庄子式的语言来说，就是以由北冥飞往南冥的大鹏的高空视角来审视地面。

置身于太空的高度时，世俗的纷争确实就显得渺小了。用寓言的力量让人们切实地感受到这一点，正是庄子思想的精彩之处。

而蜗牛角上的战争故事的独特之处，在于有人回答“只须求道”。那是站在超越战争，甚至超越和平的“道”的立场即天地自然的立场上的。天地自然之中没有和平这个词语，那人用词语加以表述，但自觉语言表达也是为概念所束缚的。因此他说：自己这样说也是乱世者。只有站在戴晋人的立场上，才能不拘泥于概念，而是通过切实的感受体悟“道”。

“以天下为沉浊，不可与庄语”

但是，对于激烈地争相扩充势力的战国诸侯来说，庄子提倡的道的思想是完全无用的。庄子积极奔走游说诸侯的事迹，即使在故事中也很少记述，即便是进行了一些游说活动，没有被采纳也是当然的。《庄子》的最后一篇，即杂篇的《天下》，可称作是一篇中国古代哲学史。篇中关于庄子有“以天下为沉浊，不可与庄语”之说。对“庄语”一词有不同解释，一般解为“豪言壮语”之意。就是说，由于世人沉溺于权力、利益和相互争斗之中，没有能力接受深刻的思想。因而难以想象，庄子会积极地奔走于诸侯之间谈说这种深刻的思想。《天下》篇接下来的“独与天地精神往来”一句，与庄子的孤高非常吻合。“天地精神”一词意义难解，姑且可以理解为天地自然的精妙运行。要之，“与天地精神往来”就是形成了天地自然之“道”的思想。

但是，庄子也并非要与世间绝缘。《天下》篇此后又有“而不敖倪于万物，不谴是非，以与世俗处”几句。所谓“不敖倪于万物”，意思是对于一切事物都不傲慢地加以轻视。“不谴是非”意为从不严苛地进行是非判断。庄子采取这种姿态，不与世俗相争相抗，而与人共处共生。

你也舔了秦王的痔吗?

这样的庄子，不可能声名显赫、时运亨通，他的生活应当是相当艰难的。但是，他蔑视权位的清高姿态终生未变。杂篇的《列御寇》中有这样的故事：

宋国有个叫曹商的人，有一次奉宋王之命出使秦国，启程时得到几乘车，这作为使者出行是很寒碜的。但到秦国后，颇能投合秦王之意，于是回国时获赐上百乘车，与去时截然不同。

回宋国后，曹商来到庄子这里，自我夸耀了一番："身处极为落魄的小胡同，住在一所穷酸相的破房子里，以编草鞋为生，吃了上顿没下顿，身体虚弱，面黄肌瘦，这是我不擅长的；但一度成为使者，说服大国的君主，获取车辆百乘，这可是我所擅长的哟。"[1]所谓自己的不擅长之处，不用说是为了讥笑面前的庄子。但是，庄子对这些挖苦处之坦然，立刻创作出自己所擅长的寓言故事加以反驳：

> 秦王有病召医，破痈溃痤（痈和痤都是毒性的肿块）者得车一乘，舐痔者得车五乘。所治愈下（越是下作），得车愈多。子岂治其痔邪（你也为他舐痔治病了吧），何得车之多也？子行矣（赶快走吧）！

虽然说有些不够高雅，但刻画出了有权势者的傲慢和趋炎附势者的奴颜婢膝之态，真是痛快淋漓的反击。

1 原文为："反于宋，见庄子曰：'夫处穷闾厄巷，困窘织屦，槁项黄馘者，商之所短也；一悟万乘之主而从车百乘者，商之所长也。'"（《庄子·列御寇》）

骊龙之珠

《列御寇》篇中还有一则很相似的故事。

有人拜见了宋王，受赐十乘车，并以此向庄子炫耀，于是庄子说：

> 在黄河边上有一家人，非常贫穷，用萧（艾蒿的一种）编织网篮等物为生。一次，儿子潜入深潭获得价值千金的宝珠。于是父亲对儿子说了这样一番话："拿石头把这东西砸碎！千金之珠原本是潜藏于极深的渊潭中的骊龙（黑龙）的颔下之物。你能取来宝珠，一定是因为骊龙睡着了。如果骊龙醒着的话，你必会被吃掉而尸骨不存。"现在，宋国之深，岂止于深潭。宋王之猛，非骊龙能比。你能得到车辆，一定是君王睡着了。如果君王醒着，你必然粉身碎骨啊。[1]

---

1 原文为："河上有家贫恃纬萧而食者，其子没于渊，得千金之珠。其父谓其子曰：'取石来锻之！夫千金之珠，必在九重之渊而骊龙颔下，子能得珠者，必遭其睡也。使骊龙而寤，子尚奚微之有哉！'今宋国之深，非直九重之渊也；宋王之猛，非直骊龙也。子能得车者，必遭其睡也。使宋王而寤，子为齑粉夫！"（《庄子·列御寇》）

这则故事是成语“骊龙之珠”的出处。骊龙之珠的意思是冒着生命危险去获取巨大的利益。文中凶猛有过于骊龙的宋王，是指有名的暴君宋公偃（前 332 年—前 286 年在位）。宋公偃于公元前 322 年称王[1]，即宋康王。派遣曹商出使秦国的宋王，及庄子见魏王所言“昏上乱相”的“昏上”，也被认为是康王。庄子对有权势者的厌恶，也是由于这个康王吧。正是对权势的厌恶促使庄子从事写作，从而使我们后世的人能看到《庄子》这本卓越的著作。

在“骊龙之珠”的故事之后，《列御寇》篇接着记述了本章开头论及的庄子被某人招聘的故事，最后以描写庄子临终的情景结束。《列御寇》篇之后，还有《庄子》全书的末篇《天下》，这是一篇哲学史及对庄子进行评价的论文。可以说，关于庄子本人的篇章，《列御寇》是实质上的最后一篇。也就是说，三世纪的《庄子》编纂者郭象，将这些故事按顺序排列，以此来呈现庄子晚年的情景。

如在曹商的故事中所看到的，庄子在极度贫困之中，安

1 一说，宋君偃（按，即宋公偃）于公元前 318 年“自称为王”，该年为宋君偃十一年，据此推算，宋君偃在位当始于公元前 329 年。见杨宽：《战国史》，上海人民出版社，2016 年，第 188 页。

静但又悠然地度过了晚年。为妻子送葬之后，他自己在少数弟子的陪伴下从容地走向生命的尽头。关于这方面，我们在本书最后一章结合庄子的生死观加以论述。

庄子思想的形成

——与惠子的对话

1. 与逻辑学家惠子的交往

论敌兼好友的惠子

庄子是如何形成自己的思想的呢？从结果上看，与好友惠施（惠子）的对谈可以说是其方式之一。《庄子》书中记载了很多庄子与惠子的问答，这些问答基本上都是以庄子批评惠子的形式出现的。另外，在论说性的文章中也有批评惠子思想的地方。甚至让人产生了这样一种印象：庄子是把惠子思想作为锤击的砧板来构筑自己思想的。但是，如果对庄子思想进行仔细的分析，实际上是能在其深处看到惠子的影响的。如果没有惠子这个好友，庄子的思想可能会呈现不同的样貌。本章即尝试通过二人的对话来考察庄子的思想。

外篇的《秋水》中有庄子和惠子游于濠梁的故事。“濠”是河名，流经淮南钟离一带（今安徽凤阳附近）。“梁”是铺设踏脚石渡河的渡口。

在渡口附近的河水中，鯈鱼（雅罗鱼）轻松舒畅地游动着。看到这种情景，庄子说："鯈鱼轻松舒畅地游于水中，鱼是快乐的啊。"

惠子立刻反驳说："你不是鱼，从哪里知道鱼是快乐的呢（子非鱼，安知鱼之乐）？"

于是，庄子说："你不是我，从哪里知道我不知鱼是快乐的呢？"

惠子回应说："我不是你，所以我当然不知道你。但你也不是鱼，因而你当然也不知道鱼是快乐的，这不是很明白嘛！"对此，庄子答道："请回到问题的根本。你对我说'你从哪里知道鱼是快乐的'，是已经知道我知道鱼的快乐而问我的。那么，现在我回答你，我是在濠河边上知道的（我知之濠上也）。"[1]

这则对话的语言交锋颇为有趣，而其含义并不是太深奥。对话的特别之处在于惠子"子（你）非鱼，安知鱼之乐"这

---

1 此段原文为："庄子与惠子游于濠梁之上。庄子曰：'鯈鱼出游从容，是鱼之乐也。'惠子曰：'子非鱼，安知鱼之乐？'庄子曰：'子非我，安知我不知鱼之乐？'惠子曰：'我非子，固不知子矣；子固非鱼也，子之不知鱼之乐，全矣。'庄子曰：'请循其本。子曰汝安知鱼乐云者，既已知吾知之而问我，我知之濠上也。'"（《庄子·秋水》）

一提问中的“安”字。“安”包含两种意义上的提问：即作为原因的为什么和作为地点的在哪里。惠子当然是在“为什么”的意义上说的，庄子则将其置换到“在哪里”的意义上加以回答。我们能清楚地想见，被庄子巧妙地避开追问后，惠子一脸苦笑的情景。

不过，对于他人心情的理解，如果只有通过由共有一个场所而产生的同感共鸣才能实现的话，那么也许可以说，庄子的回答中蕴含着格外深刻的意义。

人是无情还是有情的?

濠梁对话虽然有名，但不过是借助疑问词用法进行的语言游戏。而内篇的《德充符》中关于“无情”的对话，则包含着更多思想性的内容。

有一次，惠子诘问庄子说：“人本来是无情的吗?”庄子一贯主张“圣人没有人之情，因而不被是非问题所牵累”，惠子的论难大概是针对庄子的这一主张而发。“无情”，类似于庄子回答商太宰时所说的“至仁”的境界。

庄子回答说：“是的。”惠子追问道：“如果人生而无情，怎么称为人呢?”

但庄子是悠闲从容的。他反驳说：“人由天之理赋予人的形貌，怎么说不能称为人呢?”惠子再一次诘问：“既然称为人，怎么能无情?”庄子说：

> 是非吾所谓情也。吾所谓无情者，言人之不以好恶内伤其身，常因自然而不益生也。

意思是：那不是我所谓的情，我所说的无情，是不会因好恶的情感而致心灵纷扰、精神耗损，永远依循自然之理而寄托于本然之性，不特别去追求长生或身体的强壮。

惠子所说的情，是常识性的喜怒哀乐或是非好恶的情感。由于人的存在并非与这些情感隔绝，当然也就不能无情。然而庄子则说，人是有这些情感的，但通过“因自然”的方式摆脱这些情感的牵累而彻底自由，就是“无情”。所谓“因自然”，就是符合天地自然之道。

实际上，关于这种“无情”“因自然”的思想，我们已经在某种程度上了解它的具体面貌了。因为，夏目漱石在《草枕》中表达的“非人情”的思想，可以说正与庄子“因自然”“无情”的思想相合。

《草枕》中写道：

> 独自一人背负着画具和三脚架，盘桓于春天的山路上，正是为了这个目的。我想直接从大自然中吸收陶渊明、王维的诗的意境，须臾间逍遥于非人情的天地之间。这是一种令人沉醉的雅兴。[1]

主人公画匠以这样的心境朝温泉疗养院走去，那种状态大致可以看作是以“非人情”为主题的。文中的“为了这个目的”的“这个”，就是前文所谓游于“出世的诗意”或者“王维和渊明的境界”。漱石的“非人情”，可以认为是以《庄子》为起点，以陶渊明、王维为依据，又经过禅而形成的。

所谓“益生”，就是借助运动和饮食等多种手段，特意追求长寿或身体强壮，同时，还有对地位、收入的欲求。这样的话，我们的日常生活就基本上是“益生”的了，惠子反驳说“如果不益生，怎么保持这个生命呢”，确实是理所当然的。

但是，庄子再次强调“人由天之理赋予人的形貌，不要以任何好恶的情感损害生命”，然后批评惠子说：

1　此段《草枕》原文的中译采用了陈德文的译文，见夏目漱石著，陈德文译：《草枕》，上海译文出版社，2014 年，第 9 页。

今子外乎子之神，劳乎子之精，倚树而吟，据槁梧（枯槁的桐树作的桌几）而瞑。天选子之形（天赋予了你身体），子以坚白鸣（高唱坚白论）！

“外神”是指关心外界事物而疏忽内心状态。“劳精”是指精气被减损。“倚树而吟”，是说为解答问题而倚靠在树上呻吟。“据槁梧而瞑”，是因过度疲劳而凭靠在几案上打盹儿。所谓“坚白”，是逻辑学派的一个命题，其观点是将坚硬和白色的石头看作坚石和白石两个而不是一个。

在庄子看来，惠子因坚白论这种诡辩而神魂颠倒，呕心沥血。他说，这不过是违背天之理、“内伤其身”的行为。这个回答，可以说充分体现了庄子依照天所赋予的身心的本然状态生存的思想。[1]

---

1 以上关于“无情”的对话原文为：“惠子谓庄子曰：‘人故无情乎？’庄子曰：‘然。’惠子曰：‘人而无情，何以谓之人？’庄子曰：‘道与之貌，天与之形，恶得不谓之人？’惠子曰：‘既谓之人，恶得无情？’庄子曰：‘是非吾所谓情也。吾所谓无情者，言人之不以好恶内伤其身，常因自然而不益生也。’惠子曰：‘不益生，何以有其身？’庄子曰：‘道与之貌，天与之形，无以好恶内伤其身。今子外乎子之神，劳乎子之精，倚树而吟，据槁梧而瞑。天选子之形，子以坚白鸣！’”（《庄子·德充符》）

孔子六十岁而领悟五十九岁的过错

再看看另一则故事，即杂篇的《寓言》中关于孔子的对话。

庄子对惠子说：“孔子到六十岁之前，想法改变了六十次（行年六十而六十化）。”就是说，开始以为正确的事情，最终则认为是错误的。因而，六十岁的现在认为正确的事情，也可能会如同此前五十九次否定那样被否定。这个孔子当然是假托的，庄子为挑逗惠子而描写了这样的孔子形象。

但惠子完全上了庄子挑拨的当，回答说：“孔子勤勉于自己的志向，努力地扩展知识啊。”惠子落入了庄子的圈套，庄子已预料到他会这样说。

惠子毕竟是《天下》篇所称的“惠施多方（具有多面的才能），其书五车（具有书籍五车之多）”的读书人，“勤勉于志向，努力扩展知识”就是惠子自己的写照。庄子试图把惠子这种刻苦勤勉的暗昧不明暴露出来，于是这样回答：

> 不，孔子没有那样做，也没有那样说。孔子不是说了吗：“才能本是受之于作为大根本的道，所以，要真正

> 返回道的灵妙作用才有生气（夫受才乎大本，复灵以生）。”因而［不作轻浮的议论，既然］发出声响就合乎音律，说出言辞就合乎法则。即使面临利害和道义的问题，好恶是非的判断也只是遵从众人所言。正因如此，众人由衷地佩服孔子而绝不背逆，天下平定于自然的平定。罢了罢了，我们远不及孔子啊。[1]

这里，孔子所说的“受才乎大本”等句不易理解，庄子所要说的是，孔子没有像惠子那样依据表面的逻辑进行讨论。

庄子显然是批评了惠子的生存方式，但孔子的“行年六十而六十化”与“受才乎大本，复灵以生”两者，总有些不能融合。“行年六十而六十化”云者，如惠子所言，是说正因为“勤勉于自己的志向”才“六十化”的。相对的，所谓“受才乎大本，复灵以生”，是按照受之于天地自然的本性而生存的状态。而如果这种状态六十年中每年都在变化，就不

1 原文为：“孔子谢之矣，而其未之尝言。孔子云：‘夫受才乎大本，复灵以生。’鸣而当律，言而当法。利义陈乎前，而好恶是非直服人之口而已矣。使人乃以心服而不敢蘁立，定天下之定。已乎已乎！吾且不得及彼乎！”（《庄子·寓言》）

合情理了。

为什么上下文连接得不顺畅呢？实际上，“行年六十”等几句在杂篇的《则阳》中是作为卫国蘧伯玉的事迹叙述的。《寓言》篇是在此内容的基础上，简单接续了孔子的“受才乎大本”几句。

《论语·卫灵公》中说蘧伯玉是“如果国家奉行道，就出仕；不能奉行道，就把才能怀藏起来退隐”。[1]《淮南子·原道训》说他“年五十而知四十九年非”。[2]可见，蘧伯玉是以能深刻反省并灵活地改变自己生活理念而闻名的人物。不过，所谓“年五十而知四十九年非”，是说在五十岁时领悟了直到四十九岁以前的生存方式的“非”，并不是生存方式改变了五十次之意。“六十化”是庄子的巧妙夸张。在《寓言》篇中，“六十化”的生存方式正是作为寓言来使用的。寓言是包含寓意的表达方式，其事迹事实上是关于蘧伯玉的还是孔子的，则是无关紧要的。

即便庄惠之间真的有过这样的对话，惠子是不是接受

1　原文为：“邦有道则仕，邦无道则可卷而怀之。”（《论语·卫灵公》）
2　原文为：“年五十而有四十九年非。”（《淮南子·原道训》）

庄子的批评，也是有疑问的。因为惠子是勤奋努力的逻辑学家，他必定认为，逻辑是要坚持对外界事物穷究到底才能把握的。

2. 惠子的逻辑学与庄子的哲学

惠子的“历物十事”

那么，惠子的逻辑学是什么样的学问呢？这里仅从对理解庄子思想有参考意义的方面考察一下。《庄子》最后一篇《天下》中列举了十条惠子所思考的逻辑学命题，称为“历物十事”（即历物十条。历物，意为对物的逐一探讨），被认为是原本独立成篇的《惠子》篇的一部分。[1]

首先，“历物十事”第一条是“至大无外，谓之大一；至

---

1 “历物十事”相关原文为：“历物之意，曰：‘至大无外，谓之大一；至小无内，谓之小一。无厚，不可积也，其大千里。天与地卑，山与泽平。日方中方睨，物方生方死。大同而与小同异，此之谓小同异；万物毕同毕异，此之谓大同异。南方无穷而有穷，今日适越而昔来。连环可解也。我知天下之中央，燕之北越之南是也。泛爱万物，天地一体也。’”（《庄子·天下》）

小无内，谓之小一”。这是说：大的极致没有外面，这也就是无限大的空间。同样，小的极致就是无限小的空间。两者都含有空间的概念，故称为“一”。无限小的空间也就是点的概念。可见，惠子进行了极为数学式的、抽象的思考，这在总是从具体的层面进行思考的中国人中是少见的。

外篇的《秋水》中，河伯对北海若的提问里有“至大不可围”之语，这是接受了惠子的思想吧。这个提问被北海若驳回了：“不可围者，数之所不能穷也（不能以数量穷尽之物。）”对于甚至无从想象的事物，说它是大或小都无济于事。如果此处反映了庄子思想的话，那么对庄子而言，惠子所追究的纯粹理论等同于儿戏。

若将上述的空间换作“天”，把天看作是无限广大，那就不能确定天的中央在哪里。反过来说，从无限大来看，实际位置的差异归于无，因而将什么地方说成中央就无妨了。第九条“天之中央在燕（中国北部）之北越（中国南部）之南”的命题就是这个意思。

即使对天的中央在何处的问题感到困惑，只要引入无限大的概念，就能够解除心灵的束缚。实际上，与此近似的思考方法也为庄子所认可。例如内篇的《齐物论》中有：“天下莫大于秋毫（动物在入秋后新长出的细毛）之末，而大山

（泰山）为小。莫寿（长生）于殇子（幼小时死亡的孩子），而彭祖（以长寿而闻名）为夭（短命）。”

这是将大小长短的观念相对化而打破常识性判断的思想。秋毫是极为细小的东西，但从更加细小的东西来看则是大的；作为天下名山的泰山，如果从更大之物来看也是小的。同样，夭折的孩子，从更加短促的生命的角度去看也是长寿的；传说中寿命达七百岁或八百岁的彭祖，从更长久的生命的角度看也是短命的。

这与其说是从无限的观点来论述的，不如说是进行比较。但在立足于某种原理而打破常识思维这一点上，与惠子的论说有相通之处。用这一论点来看待的话，对夭折的孩子的悲痛之情也可能会得到缓解。

回到惠子的论述。在方位上，即使是当作平面的问题来看，性质也稍有不同。第六条“南方无穷而有穷”说的就是这种情况。无论向南方走多远，都仍然有南方，所以是无穷的（这种情况下，没有设定地球的南极这样的位置）。中央可以是独立的中央（严格地说是相对于周边而言），南北是相对的概念，因而南不能独立存在。同时，南方是与北方相对的存在，因而也是限定（有穷尽）的。既然可以用“南方”一词来表达，就意味着南方是限定的存在。

平面、空间和时间

第二条“无厚，不可积也，其大千里”，探讨平面的概念。平面虽然无限延展，但无厚度。如果有厚度，那么无论多么薄都是立体的。没有厚度的东西无论怎样积累都不可能有所积累。所谓“千里”，是比喻平面的广大，“千”是没有实际意义的。在这里，惠子也进行着数学式的、极为抽象的思考。

第三条“天与地卑，山与泽平”，是以平面和垂直无限的概念亦即空间无限为基础的命题。“天尊地卑”是常识的观点，但从无限空间的视角看，天地就变成相同的了。这种情况下，天并非无限的高，而是如同覆盖在大地上的盖子，所以它的外边也有无限的空间。因为连天和地都没有了差别，所以山和泽的高低之差就更不待言了。

第四条“日方中方睨，物方生方死”与第七条“今日适越而昔来”，是关于时间问题的命题。“日”是太阳，“中”是到达上空的意思，“睨”指太阳西斜，“方”是正好之意。因此，“方中方睨”意为：太阳正好到达上空之时，也是它西斜之时。其道理是：常识以为白昼和夜晚在时间上是不同的，但若从无限的时间来看，“中”和“睨”都只是一瞬间，可以说是相同的。同样，“方生方死”就是正当生的同时也正在死，这也是从无限时间的视角去看而得出的结论。

第四条是依照时间顺序的，第七条顺序相反。但是，从无限时间来看也是同样的结果。若从明天来看，今天是昨天，说它是今天或是昨天，从无限时间来看是没有分别的。

如此看来，显然，关于二维度、三维度、四维度的一切存在，惠子都准确地把握了无限这一概念的数学意义。

关于第四条和第七条，内篇的《齐物论》也做了讨论。

关于第七条，在《齐物论》篇中有这样的论述：其所以产生各种各样的是非分别，都是因为有“成心”（自己的意见、固定观念）。没有“成心”就不可能判断事物的是非，这种不可能性就如同“今日适越而昔至”这种事情一样。就是说，这个命题被解释为“把没有当作有”。虽然庄子曾说过很多打破常识的话，但这个命题无视时间的顺序，所以在庄子看来不过是诡辩。[1]

1　相关原文为：“夫随其成心而师之，谁独且无师乎？奚必知代而心自取者有之？愚者与有焉。未成乎心而有是非，是今日适越而昔至也。是以无有为有。无有为有，虽有神禹，且不能知，吾独且奈何哉！”（《庄子·齐物论》）

但是，庄子对第四条持肯定态度。这个命题虽有死抠道理之嫌，但我们还是来探寻一下其思想脉络吧。

按照庄子的说法，当将物称为“彼”或“是”时，两者是互相依存的（彼出于是，是亦因彼）。就是说，“是”由于“彼”的存在而可称为“是”，“彼”也由于“是”的存在而可称为“彼”。不过，把彼是理解为相互依存关系的是自己亦即“是”，而不是从对象也就是“彼”的立场来说的（自彼则不见，自知则知之）。

用日语的指示代词来表达，就形成“これ”、“それ”和“あれ（かれ）”[1]的三项鼎立的格局。如果不是“これ”，还可以是“それ”或者“あれ”，因而不会出现这种非此即彼的单纯的想法。但是，在汉语中则不同，即使是现代汉语，也存在“这”（これ、それ）和“那”（それ、あれ）的二项对立。因此，“是”是由于非“彼”而为“是”的。

1　これ意为“这个”，それ意为“这个”、“那个”，あれ（かれ）意为“那个”。

例如，我们来考虑一下“大”和“小”两个事项。说某物是大的，是与小的东西对比而言的，“大”一词中已经包含了“小”，就是说，是因为不“小”才是“大”。庄子将其表述为“彼是方生之说”。意思是，说“彼”（例如“大”）的时候，同时也说着“是”（例如“小”）。

但是，“方生”并不限于生的情况，而是“方生方死，方死方生”。这里，庄子原封不动地袭用了惠子“方生方死”的表述。虽然都用了“方”字，惠子和庄子的意思有微妙的差别。改变“方”的日语读法，就是这个原因。[1]

在惠子那里，是以无限时间为根据来表达生与死的同时性的，这是一个数学式的逻辑问题。但在庄子这里，针对的是语言的概念。就是说，“生”这个词是与“死”相对比才是“生”，“生”的反面一直存在着“死”。正是以此为出发点，才发展出生并不具有绝对的价值，不应过度拘泥于生或死的思想。相对于惠子的数学的逻辑，庄子的思想可以说是哲学的思辨。

---

1 原文中，惠施“日方中方睨，物方生方死”句写作“日は方(まさ)に中(ちゅう)し方(まさ)に睨(かたむ)き、物は方(まさ)に生じ方(まさ)に死す”，庄子“方生方死，方死方生”句写作“方(なら)び生じ方(なら)び死す、方(なら)び死し方(なら)び生ず”。“方”字，前者读为“方(まさ)に”，是“正当……时”之意；后者读为“方(なら)び”，是“边……边……”之意，表示同时。

篇中接着论述“方可方不可”，即认可和不认可两方面同时成立，主张“因是因非”，即是说：以为某事正确（是），只是相对于以为某事不正确（非）的方面而已，是和非无论如何不是绝对的东西，因而同时站在两个方面的立场（因）。

“可不可”和“是非”是就人的判断而言的，虽说是相互依存的，但无论如何都是人头脑中永恒的二项对立。但是，在天地自然之道中既无“可”亦无“不可”，既无“是”亦无“非”。所以，要符合天地自然之道，就必须超越此二项对立。这里，庄子说“圣人不由而照之于天”。“不由”，就是不立于可与不可、是与非这种人类社会的判断之上。“天”可以解释为天地自然之道。把一切都交托给这个天地自然之道，超越人为的价值判断，这才是庄子的立场。

《齐物论》篇在此之后还有论说，详细的讨论留待下章。首先能看透庄子沿着惠子的讨论向自己的方向推进这一点就足够了。

“小同异”与“大同异”

第五条的命题是：“大同而与小同异，此之谓小同异；万物毕同毕异，此之谓大同异。”这是讨论概念问题的。命题前半部分是有关类概念和种概念的问题，后半部分是有关普遍和个别的问题。这些在逻辑学上属于基本论题，故并非惠子的独家专利，如荀子等人也进行了同样的概念规定。但是，惠子的规定可以说是中国思想史上最早的规定之一。

“大同”与“小同”，字面意思是指大的同一与小的同一。例如，用男女与人的关系来说，男女是小同，人是大同；用人类、猴子、狗与哺乳动物的关系来说，人类等是小同，哺乳动物是大同；用哺乳动物、鸟、鱼与动物的关系来说，哺乳动物等是小同，动物是大同。因此，与其说是类概念和种概念，不如说是上位概念和下位概念。这两个概念的差别，依据所处层次的不同可以有无限多的组合，但有差别这一点不变。所谓小同异（小的同异）就是指这种差别。

同时，包括动物、植物和矿物在内的世界上存在的一切物（即万物），都是作为个别物存在的。人都是一个一个不同的存在，狗和猫也是一只一只皆有不同。樱树和梅树是一棵一棵各有差异，石块也是一块一块各有差异。一切物皆为差异的存在（万物毕异）。但是，在都是作为物存在这一点上，它们是相同的（万物毕同）。个别物虽各为个别物，但在作为个别物存在这一点上是普遍的。所谓大同异（大的同异），就是指这种普遍和个别的差异。

惠子的命题是把概念的层次作为问题的，是极为明晰和具有逻辑性的。惠子由此命题展开了什么样的讨论，无从得知，但从《天下》篇全篇的叙述来推测，可能是关于外在事物的逻辑性问题的。而庄子在内篇的《德充符》中也展开了与此命题相关的讨论。

庄子的这个讨论采取了对话的形式，即孔子回答一个名叫常季的人关于遭受刖刑的王骀的提问。孔子的表述是："自其异者视之，肝胆楚越也；自其同者视之，万物皆一也。""肝胆"是指亲近并具有亲和关系的事物，专门有"肝胆相照"这个成语来表达此意。然而，从差异的观点来看，这个"肝胆"又像"楚越"那样，极为不同。楚和越都是春秋时期的强国，两国间相隔犹如今天的湖北省与浙江省。

庄子的表述正是接受惠子"万物毕同毕异"的"大同异"命题的产物。王骀这样的人物领会了这种思想，他们被赞扬为"不知耳目之所宜，而游心乎德之和，物视其所一而不见其所丧"，因而能把失去一只脚仅看作如丢弃土块一般。

"耳目之所宜"是指耳听目视时的是非好恶判断。由于对此是"不知"的，因而就超越了视觉、听觉的判断。"德之和"意为与天地自然及其所赋予的本性的调和。让心灵在此处悠游，也就是让心灵在天地自然之中悠然自得。“物视其所一”是说将物视为“万物毕同”。由于对王骀来说“其所丧”就是脚，所以，认为无论被砍掉脚的人还是未被砍掉脚的人，在作为人这一点上是一样的，就是“不见其所丧”。

这样，在庄子的讨论中，个别和普遍的逻辑性命题就被作为从容不迫的生命状态的根据来使用了。这也可以说是将惠子的逻辑命题向哲学的思辨方面进行了拓展。

“连环可解”

第八条是“连环可解（连环是能解开的）”的命题。连环是连接起来的环，环是由玉做成的，本是由一块原石雕刻成两个以上的环相连的形状，它与九连环不同，因此是不可能解开的。“连环可解”的说法只是一种诡辩而已。这个命题有多种解释。有一种解释似乎是恰当的：这些环并非是接合在一起的，环与环之间有空间，可看作是独立的，所以原本就是解开的。

其他各条都是正确的逻辑性设定，而这个命题仅仅是诡辩。对此，庄子也未置一词。不过，这个命题给出了一个启示：在考虑现实的种种问题时，表面上紧密关联而似乎毫无间隙的事情，换一个视角来看，也许会发现某处存在着间隙。

“泛爱万物，天地一体”

最后，第十条是“泛爱万物，天地一体”的命题，这应该说是历物十事的总结。惠子从关于平面、空间、时间的无限的观点进行考察，明确地分析了作为认识之基础的概念，然后达至对万物的泛爱和天地一体的观点。惠子也并非只是唯逻辑主义的诡辩家，说他是庄子肝胆相照的伙伴也完全能够成立。

庄子也说了类似的话。在本书对历物十事进行解释的开头部分，引用了《齐物论》的文句“天下莫大于秋毫之末，而大山为小。莫寿于殇子，而彭祖为夭”。此文之后，接着有“天地与我并生，而万物与我为一”二句。前文所引之处，将“天下莫大于秋毫之末”数句解释为对大小长短观念的相对化。若结合接下来的“天地与我并生”二句来考虑，就可以看到，庄子也是以无限的观念为基础来展开其思想的。

天地这样伟大的存在也与我并列而生，其所以能这样说，是因为，这是从时间和空间的无限这一观点来审视的。这种情况下，天地似乎是永恒不变的存在，但又是以它也能够变化这一认识为前提的。在庄子的时代，也不乏关于天地变异的历史记忆。可以说，这些记忆变成了一种天崩地坏的观念。因此，当以无限为中介时，自我与其说是天地之间微不足道的渺小存在，不如说成为与天地同等的存在，其意识向天地扩展出去。庄子的致思不是朝蜷缩的方向，而是朝无限扩大的方向展开。

惠子专注于逻辑分析而提出泛爱万物的主张，相应地，庄子则基于惠子之说，以天地一般的宏阔胸襟悠然地生存。

“万物与我为一”是以“大同异”的命题为依据的。自我作为此天地间的一个存在，与其他一切存在相通，具有与万物之间的无限通感。自我的意识，虽说是如天地一般宏大地扩展出去，却没有对他物的任何排斥和轻视，与万物一起、在同等的资格上成为天地一般宏大的存在。所谓与天地自然之道合一而生，就是这个意思。

这样看来，“天地与我并生，而万物与我为一”的思想是多么宏伟卓越！古今东西，思想家无数，能抽绎编织出这种思想的并不多见。而惠子也与庄子一样，具备享有这一评价的资格。

3. 逍遥于无何有之乡

惠子与庄子的分歧

《天下》篇接着说：惠子将上述历物十事看作万物之大理并明示天下，启发了名辩家，而天下的名辩家与惠子一样乐此不疲。此文之后，《天下》篇列举了名辩家与惠子相互辩论的逻辑学命题，从“卵有毛”到“一尺之捶（鞭），日取其半，万世不竭”共二十一条。[1]最后一条命题，与古希腊芝诺提出的阿基里斯永远追不上先出发的乌龟的诡辩内容相同。

---

1 相关原文为：“惠施以此为大，观于天下而晓辩者，天下之辩者相与乐之。卵有毛。鸡三足。郢有天下。犬可以为羊。马有卵。丁子有尾。火不热。山出口。轮不蹍地。目不见。指不至，至不绝。龟长于蛇。矩不方，规不可以为圆。凿不围枘。飞鸟之景未尝动也。镞矢之疾而有不行不止之时。狗非犬。黄马骊牛三。白狗黑。孤驹未尝有母。一尺之捶，日取其半，万世不竭。辩者以此与惠施相应，终身无穷。”（《庄子·天下》）

此命题是在将空间和时间分解并无限分割的条件下才成立的诡辩。在二十一条命题中，这样的诡辩十分突出。与这些命题相比较，惠子的历物十事是抓住时间和空间无限性概念之根本的逻辑学基本命题，他以此为万物之大理也是正确的。

惠子究竟是如何与名辩家们论辩的，基本上不得而知。《天下》篇说惠子“弱于德，强于物”“散于万物而不厌”“逐万物而不返”等，大概是一味地在解析外物上费尽心血。“弱于德，强于物”，是说不擅长保养天地自然所赋予的本性而只关心外在事物。“散于万物而不厌”，是说不厌其烦地致力于对万物的解析而分散了思考。“逐万物而不返”，是说只知道一味地探究万物。这些表述意思都是相同的。

这种致思方向被《天下》篇评价为：“是穷响以声，形与影竞走也，悲夫!”“穷”解释为尽（没有了）的意思。回响因声音而产生，影子因形体而生成，两者是一体不可分的。但是，惠子的论说却像一个想用高声叫喊压住回音、想借急速奔跑逃避影子的人，实在是可悲啊！为惠子感到惋惜。[1]

1　以上相关原文为：“以反人为实而欲以胜人为名，是以与众不适也。弱于德，强于物，其涂隩矣。由天地之道观惠施之能，其犹一蚊一虻之劳者也。其于物也何庸！夫充一尚可，曰愈贵道，几矣！惠施不能以此自宁，散于万物而不厌，卒以善辩为名。惜乎！惠施之才，骀荡而不得，逐万物而不反，是穷响以声，形与影竞走也。悲夫!”（《庄子·天下》）

《天下》篇批评惠子说，与修养“德”这个根本之事相比，追逐外物只是枝节，但惠子却将全部精力投入了这些枝节而非根本的问题上。惠子实际上是不是真的如此，不能确知，但在《庄子》中他是这样被定位的。可以说，庄子的致思方向正好是将惠子的致思方向翻转过来的结果。无论是庄子还是惠子，最终都走向大致相同的见解，但二者因致思方向的不同而形成了巨大的差异。

但是，从惠子的立场来看，逻辑和思想应该是坚实地立足于现实并追根问底地分析现实后的产物，像庄子那样非实际的致思方向几乎没有意义。因此，两人之间围绕“无用”和“有用”有过数次讨论。

“无用之用”

在杂篇《外物》中有一则关于“无用”的对话。惠子对庄子单刀直入地说：“子言无用。”然而庄子对这种论难早有准备，就反驳道：

> 知无用而始可与言用矣。夫地非不广且大也，人之所用容足耳。然则厕（测）足而垫之，致黄泉，人尚有用乎？

庄子说，懂得了无用才能讨论用。大地虽然广阔，人脚踩的地方却很小。但如果划出两脚所践履的范围，而将其余的地方都挖去，一直挖到大地的底部，这样的话，脚踩的地方还有用吗？“黄泉”是地下的深层的意思，不仅是指阴曹地府。被庄子这样反问，惠子也只能回答“无用”了。

于是，庄子以“然则无用之为用也亦明矣”作结。这次对话惠子完败。

关于葫芦的讨论

说起庄惠关于“无用”的问答，最扣人心弦的要数《庄子》首篇《逍遥游》中的两则长篇对话。首先是关于葫芦的故事。故事中惠子的葫芦是魏王所赠，所以讲的是惠子做魏国宰相以后的事情。

惠子对庄子说：

> 魏王赠与我大葫芦的种子。我将它种下，结了果实。它的大小竟有五石，但若装入酒水之类，就会太沉重而拿不起来。没有办法，就剖开作瓢（舀子）用，但因其扁平而什么也装不了。只是体形很大而已，却没有什么

用处。结果，我把它打碎丢弃了。[1]

惠子的意思当然是说，庄子的言论是过分夸大而没有用处的。“瓠”就是葫芦，将其内部容纳之物挖空后，可用来盛酒水之类。“石”是容量的单位，等于十斗，当时约相当于二十公升。容量五石，也就是可容近百公升的葫芦，的确是大得出奇。

但在创作这样的故事方面，庄子比惠子更胜一筹。他立刻说：“你在使用大的东西方面很笨拙啊。”并以下面的话回应道：

宋国有个能制作防治皮肤皲裂特效药的人，世世代代以漂洗丝绵为家业。有位游行至此的客人听闻此事后，请求用百金购买药的制作方法。这个宋国人召集亲族商量道：“我们世世代代以漂洗丝绵为家业，但由此得到的利益充其量不过数金。现在一夜之间可以用这个技能换来百金。我想出售，大家看如何？”旅客取得了药方，去了吴国，将其卖给了吴王。吴与越发生战争，吴王任命那位旅客为将军。吴与越在严冬季节进行水战，由于吴

1　原文为：“魏王贻我大瓠之种，我树之成而实五石，以盛水浆，其坚不能自举也。剖之以为瓢，则瓠落无所容。非不呺然大也，吾为其无用而掊之。”（《庄子・逍遥游》）

国士兵手上涂了防止皲裂的药，因而大胜越军。因此，吴王赐予那位旅客土地而封其为领主。

药的功能是相同的，有人因此而封为领主，有人却只能世代以漂洗丝绵为业，那是因为药的使用方法不同。现在，你拥有五石的大葫芦，把它挖空做一个大桶，用它作船漂浮于江湖之上，乘着它悠游，这不是很好吗？为什么要因它扁平不能装东西而烦恼呢？先生你真是心胸狭隘的人啊！[1]

惠子没有想到要把葫芦当作腰舟浮游，即使想到了，也不会那样做。因为用葫芦作腰舟游水也毫无意义。

吃不上饭的时候，吃是最重要的。至于有东西吃之后将如何，就与人的性格和思想相关，因为在这种情况下没有一个确定的做法。

惠子和庄子在“泛爱万物，天地一体”这一点上持有相同的思想，因而，二人生存方式的区别归根到底是源于性情

1　原文为：“宋人有善为不龟手之药者，世世以洴澼絖为事。客闻之，请买其方百金。聚族而谋曰：‘我世世为洴澼絖，不过数金；今一朝而鬻技百金，请与之。’客得之，以说吴王。越有难，吴王使之将。冬与越人水战，大败越人，裂地而封之。能不龟手，一也；或以封，或不免于洴澼絖，则所用之异也。今子有五石之瓠，何不虑以为大樽而浮乎江湖，而忧其瓠落无所容？则夫子犹有蓬之心也夫！”（《庄子・逍遥游》）

的差异。对于人来说，性格是根本性的，是很难改变的。但是，读了惠子和庄子的对话，一时间心灵得到解放，再去思考这种根源性的问题，出人意料地也有其意义。

樗和斄牛

在葫芦的故事之后，《逍遥游》篇还有一则与之相似的关于“无用”的对话，这就是全篇结尾的故事，“逍遥游”的篇名亦出于此。这两则故事是否事实姑且不论，但都充分地表现了庄子的心境，而且广为人知。

有一次，惠子对庄子说：

> 我这里有一棵参天大树叫樗，树干和树枝都是弯弯曲曲的，不能作柱子和板材，因而对建造房屋毫无用处。因为木匠都对其弃之不顾，所以才长成巨大的树木。你现在的言论也只是大而已，毫无用处，因此才被大家所抛弃（众所同去也）。[1]

1 原文为：“吾有大树，人谓之樗。其大本拥肿而不中绳墨，其小枝卷曲而不中规矩，立之涂，匠者不顾。今子之言，大而无用，众所同去也。”（《庄子·逍遥游》）

于是，庄子也像往常一样立刻做出了反击：

你是没见过狸狌（野猫、黄鼠狼之类）吧？狸狌伏身隐藏，为猎取外出游走的鼠类小动物而上蹿下跳，登高爬低，结果就会落入圈套，被网罗捕捉而丧命。那斄牛大如天际的云，而如此巨大的斄牛却不会捕鼠。

现在你也在为有巨大的樗树却无用处而烦恼。为什么不将它栽种到空无所有的广阔原野，信步于它的周围，悠闲地躺卧在它的树荫下呢（何不树之于无何有之乡，广莫之野，彷徨乎无为其侧，逍遥乎寝卧其下）？这样，它就不会为斤斧所伤，不会被任何外物所害。为什么要因为没有用而烦恼呢？[1]

这段文字的旨趣与葫芦的故事中庄子的回答是相同的。“无何有之乡”，意为没有任何“有”的场所，即什么都没有

1 原文为：“子独不见狸狌乎？卑身而伏，以候敖者；东西跳梁，不避高下；中于机辟，死于罔罟。今夫斄牛，其大若垂天之云。此能为大矣，而不能执鼠。今子有大树，患其无用，何不树之于无何有之乡，广莫之野，彷徨乎无为其侧，逍遥乎寝卧其下？不夭斤斧，物无害者，无所可用，安所困苦哉！”（《庄子·逍遥游》）

的地方。日语的传统读法是“ムカウの郷”，这里采用了汉音的读法。[1]如果将其理解为没有任何世俗之事，那么这就是所谓乌托邦（Utopia）。U是否定词，topia是场所的意思，Utopia就是不存在的地方，正与“无何有之乡”意义相符。“广莫”与“广漠”同，指广阔的荒野。“彷徨乎”是闲散的样子，“逍遥乎”是悠然自得的样子。“不被任何外物所害”一语，联系战国时代的状况来看，有某种超乎我们想象的相当强的沉重感。

“斄牛”是一种毛很长的牛，产于中国西南，但这里当然是虚构。明治时代的文学家高山樗牛的笔名“樗牛”、坪内逍遥的笔名“逍遥”，都是取自此《逍遥游》篇。“逍遥”一词也有悠闲地散步的意思，真希望“逍遥”一词能在社会中得到普遍接受。

悼念惠子

如前文所述，庄子与惠子既是密友又是论敌。《庄子》书中有一则故事，讲惠子出任梁国宰相时，对庄子到访梁国非

---

1 汉音，是日语中汉字读音的一种，是模仿唐代长安（今西安）地区所用标准发音而形成的。“ムカウの郷”是日语“無何有の郷”的传统读音，原书中采用的是汉音读法，即“ムカユウの郷”。

常戒备。从故事的描述可以看出，两人表面上虽有激烈的争论，但内心还是信赖和尊重对方的。杂篇的《徐无鬼》中有一则庄子过惠子墓的故事，也充分地传达了这种意味。

有一次，庄子参加送葬的仪式，途中经过了惠子墓，此时他回头对同行的人说：

> 有位郢地的人，在鼻尖上涂抹苍蝇翅膀大小的灰土，然后请匠石（名石的木匠师傅）将其削除。匠石呼呼地抡起斧头，听任臂膀发力，削掉了鼻尖上的灰土，而鼻子毫发未损，郢人也原地不动地站着，面色不改。
>
> 宋元君听说此事，召见匠石说："请为我演示一下。"匠石说："就我而言，以前确实是能做到的。但是，我的质（搭档）去世以后，我已经很久没有做这件事了（意思是没有搭档配合无法完成）。"那位先生去世以后，我也就失去了作搭档的人，我失去了一起辩论的伙伴啊（自夫子之死也，吾无以为质矣，吾无与言之矣）！[1]

1　原文为："庄子送葬，过惠子之墓，顾谓从者曰：'郢人垩慢其鼻端若蝇翼，使匠石斫之。匠石运斤成风，听而斫之，尽垩而鼻不伤，郢人立不失容。宋元君闻之，召匠石曰：尝试为寡人为之。匠石曰：臣则尝（转下页）

郢是楚国的都城，元君是庄子的祖国宋的国君，在位时间大致相当于孔子的青年时代。

“自夫子之死也”等感叹之言，充分传达出庄子对惠子的深厚友情，以及由衷地缅怀惠子的悲凄之心。我们甚至可以说，是惠子成就了庄子。

（接上页）能斫之。虽然，臣之质死久矣。自夫子之死也，吾无以为质矣，吾无与言之矣。’”（《庄子·徐无鬼》）

庄子思想的核心

——齐物的理论

1.《庄子》的成书及注释

我们已经研读了《逍遥游》篇，并考察了庄子的生平及思想的形成。下面将开始研读可谓庄子思想之核心的《齐物论》篇，对庄子构筑超越世俗世界思想的理论根据做一探讨。在此之前，我们先对《庄子》其书作必要的说明。如果读者只对《庄子》的思想有兴趣的话，跳过这一部分阅读也无妨。

《庄子》其书

《庄子》基本上是一部记录庄周的思想和人生的书。在庄子生活的时代，书籍的制作过程是：将竹和木分割细削制成条片状（称为竹简和木牍），在其上书写文字，并用细绳编连在一起成为一卷。制作书籍要花费极大的工夫。一旦绳子断开而散乱，要再按顺序排列也非常麻烦。如果想拥有书籍，除了抄写别无他法，故而书的流传受到极大的限制。因此，那个时代书籍的重要性，与每天有大量书籍出版的现代不可同日而语。制作难度如此之高的书竟流传了两千年以上，想来简直是一个奇迹。古代人对书籍的执念之深，远远超乎我们的想象。

《庄子》一书是全部由庄周坐在书斋里亲笔写成的吗？并非如此，其中有相当一部分出自其弟子、再传弟子或三传弟子等信奉庄子思想的人即庄子后学之手。但是，哪一部分出自所谓的作者之手是不明确的，战国时代的书皆是如此。不过，因为有“著书十余万言（言即文字）”（唐陆德明《经典释文·序录》）的说法，看来庄周本人是有所著述的，但这些文字不一定按原貌留存下来。古代书籍，姑且不说其所记载的内容，书籍本身的问题就非常多。

本书主要是围绕被认为较能反映庄周本人思想的内篇加以解读，并随时将庄子后学的思想纳入视野。另外，可以肯定的是，《庄子》中有关庄子的故事形成较晚。也有学者认为，外篇中包含较古的文字，其成篇比内篇更早。但就思想的展开而言，还是应以内篇为中心进行讨论。

据文献记载，到西汉末期，以庄周的名义辑成的《庄子》一书有五十二篇（《汉书·艺文志》）。“卷”是指单纯地编为一卷，“篇”指某种内容有条理的文字。因此，有五十二篇也未必有五十二卷，但篇幅无疑是相当大的。

庄子的著述中颇多寓言，仅仅就文句理解其思想是难得要领的。由于其较多论及离奇的事物，于是也有人反过来解释：因为有离奇内容的文字，所以是庄子所撰。五十二篇之中，似乎大多是那种离奇古怪类的东西。篇章本身似乎也存在许多问题，如文章顺序颠倒、文字书写错误等。

郭象的整理和解释

西晋（特别是3世纪）时，出于多方面原因，《庄子》被广泛阅读并加以注释。为汉代的五十二篇本作注者亦有之，上文解释大鹏寓言时提到的司马彪就是其中之一。文献记载，他著有《庄子注》二十一卷五十二篇。据《经典释文·序录》，他的注包括内篇七、外篇二十八、杂篇十四、解说三。此外，还撰有《庄子音》三卷，解释书中难识字的发音和意义。

但是，五十二篇中也有与庄子或庄学一系的思想不协调的部分，且在内容上存在混乱。因此，有人希望对其加以多方面整理，以编成一个更加齐整畅达的文本。其代表人物是郭象，他编定了《庄子注》三十三卷三十三篇，这就是我们现在所读的《庄子》。其卷与篇的数量相同，所以大致是以一篇为一卷。此外，他也撰有《庄子音》三卷。郭象的《庄子注》广泛流传以后，其他注本作为独立书籍都失传了。

郭象所定的三十三篇本是内篇七、外篇十五、杂篇十一。其他注本的内篇之数也都是七篇，与郭象本一致。当然，其文本内容不一定是完全相同的，但可以认为是大致相同。郭象删去的主要是外篇和杂篇的文字。

这样整理出的《庄子》，内篇包括：《逍遥游》《齐物论》《养生主》《人间世》《德充符》《大宗师》《应帝王》等七篇。

外篇包括：《骈拇》《马蹄》《胠箧》《在宥》《天地》《天道》《天运》《刻意》《缮性》《秋水》《至乐》《达生》《山木》《田子方》《知北游》等十五篇。

杂篇包括：《庚桑楚》《徐无鬼》《则阳》《外物》《寓言》《让王》《盗跖》《说剑》《渔父》《列御寇》《天下》等十一篇。

郭象把不符合《庄子》整体思想风格的数篇删除，校订了文本，并依照自己的思想加以注释。当时的郭象注，与其说是注释，不如说是以文本为基础阐发自己的思想。如上文解释大鹏寓言时所论及的，郭象从万物都各自逍遥的观点出发对《庄子》做了注解。当然，郭象的思想并非那样单纯，但值得指出的是，郭象思想与庄子思想之间有着微妙的差别。

阅读《庄子》的依据

要阅读《庄子》，当下只能以郭象所整理的文本为依据，当然如果有古本《庄子》出土则另当别论。《庄子》绝非易读之书，所以为了弄清文意，必须借助对原文进行注释的参考文献。郭象的注可资参考，但其对字句的解释较少，因而仅有郭象注是远远不够的。

至于郭象注以外的依据，一是活跃于隋唐之际的学者陆德明所著的《经典释文》。此书主要是对《易》《书》《诗》等儒家经典中疑难字句的读音和意义进行解释，而《庄子》亦列于其中。《经典释文》之名似乎稍嫌冗长，故一般称为《释文》。“释文”一词也作为普通名词，指对特殊文献资料中的汉字给予解释，而作为书名，它是专有名词。《释文》中收入了许多学者的观点，如上文已经提及的崔课和司马彪等人的观点。

另外，还有唐初道教学者成玄英的《庄子疏》。郭《注》、成《疏》、《释文》是必读文献，清末郭庆藩汇集此三种文献而撰成《庄子集释》，这是最基本的参考书。另有清末王先谦的《庄子集解》亦颇为常用。

至于其他参考书，古今雅俗的各种类别合而计之，中日两国的数量汗牛充栋。如果要进行《庄子》的专门研究，就只能闯入这些资料的群山中开拓前进。但本书并未深入到如此程度，似乎也没有那个必要。本书所参考的文献，首先还是《庄子集释》。另外，参照陈鼓应《庄子今注今译》（中华书局，1983 年 5 月）等若干中文文献。日文文献则选用福永光司《庄子》（上中下，新订中国古典选，朝日新闻社，1966 年 4、10 月，1967 年 9 月）、金谷治《庄子》（第 1—4 册，岩波文库，1971 年 10 月—1983 年 2 月）等。鉴于本书的性质，征引就不一一加注了。

那么，接下来就顺着其展开的脉络来研读《庄子》理论的翘楚《齐物论》篇吧。

2. 天地自然与“心”的关联

“吾丧我”

所谓“齐物论”，就是以物为均等的论说。这个“物”不限于物体，而是指我们所能认识的一切物和事。《齐物论》从一则南郭子綦与弟子颜成子游（名为偃）之间有关天籁的对话开始。南郭子綦是生活年代远早于庄子的楚国贤者，此处无疑是假托对象。

有一次，子綦凭几而坐，仰天叹息，好像失去了伴偶。看到老师的此番神情，子游感到担心，就问道：“先生究竟处于怎样的状态呢？听说身体能够如同槁木（枯木）、心灵能够如同死灰，现在先生凭几而坐的样子与以往有所不同。”子游提问的意思是，先生现在是否处于这种身体如槁木、心灵如死灰的状态？

死灰是彻底冷却的灰。槁木和死灰是形容身心皆与天地自然的世界完全成为一体，超越了自我这一结构的状态。虽然做了这样的说明，但理解起来还是不容易，因为槁木、死灰之类是丝毫没有生命的实感的。因此，我们只能先听听子綦的回答。

子綦说："偃，你的提问很好。我现在忘却了自己（吾丧我）。你明白吗？你即使听过人籁却没有听过地籁，即使听过地籁却没有听过天籁。"[1]

这段话包含两个要点，一是"吾丧我"，一是"人籁""地籁""天籁"。所谓"丧我"，既不是指喜怒哀乐的情绪处于激动状态而失去自我，也不是指粗心大意、心不在焉。"忘"（丧）[2]是庄子思想的关键词之一，它与单纯的遗忘不同，蕴含极为深奥的意义。这里不做深究，仅指出这一点："丧我"状态正是庄子式的超越的境界。这就是说，在《齐物论》篇开头的对话中庄子思想的根干已经显露出来了。

---

1 以上相关原文为："南郭子綦隐机而坐，仰天而嘘，荅焉似丧其耦。颜成子游立侍乎前，曰：'何居乎？形固可使如槁木，而心固可使如死灰乎？今之隐机者，非昔之隐机者也。'子綦曰：'偃，不亦善乎，而问之也！今者吾丧我，汝知之乎？女闻人籁而未闻地籁，女闻地籁而未闻天籁夫！'"（《庄子・齐物论》）

2 "丧"，原文作"喪(わす)れる"，读音与"忘(わす)れる"（忘记）同。

“人籁”和“地籁”

另一个要点，所谓“人籁”“地籁”“天籁”是指什么呢？“籁”是箫，即十六管的竹制笛子。根据郭注和成疏的解释，庄子创作这个故事的意图是要说明如下观点：箫管有长有短，发出各种声响，每个管不过是发出合乎各自形状的声响，各种声响之间并无优劣之分。这个解释引入了优劣的观点，这一点还存在疑问。但不管怎样，人籁是指箫，是普通的乐器。

但是，关于地籁和天籁，不听听子綦的解释是不明白的。对于子游的这一提问，子綦回答说：

> 夫大块噫气（打嗝出气），其名为风。是唯无作，作则万窍怒呺。而独不闻之翏翏乎？山林之畏佳（摇动），大木百围之窍穴，似鼻，似口，似耳，似枅，似圈，似臼，似洼者，似污者；激者，謞者，叱者，吸者，叫者，譹者，宎者，咬者。前者唱于而随者唱喁。泠风则小和，飘风则大和，厉风济则众窍为虚。而独不见之调调、之刁刁乎？

“大块”是指大地。把大地打嗝出气称为风，是古代人因为不了解起风的原因而产生的想象。大地本身是充满生命力的，打哈欠是吸气，打嗝（噫气）是呼气。

不刮风则已，一旦大风刮起，各种各样的孔窍就发出怒吼。“翏翏”是狂风大作时风吹的呼呼声。子綦对子游说：“你难道没有听到这些声音吗?”关于“山林之畏佳”的解释，有多种说法，此处从郭象注解释为：山林被大风吹拂而摇动的样子。这时，从百围粗的大树的窍穴中发出的声音共同奏出一曲交响乐。

“似鼻”等句，是对孔窍形状的形容。“枅”是斗拱，即柱子上承受栋梁的木头。“圈”是杯子，“臼”是舂米之臼，“洼”是深池，“污”是浅池。“激者”以下数语，是形容众多孔窍所发出的声响：“激者”是激流之声，“謞者”是响箭之声，“叱者”是斥责之声，“吸者”是呼吸之声，“叫者”是喊叫之声，“譹者”是哭号之声，“宎者”是深谷回响之声，“咬者”是凄切的悲哀之声。

“前者唱于而随者唱喁”，意为前面呼呼地吹，后面哗哗地响应。“泠风”指微风，“飘风”指大风。“小和”“大和”，分别描述了风势平和时孔穴莎莎地低声作响和狂风大作时孔穴哗哗地高声怒号，然后“厉风济则众窍为虚”，即狂风暴雨之后，所有的窍穴都鸦雀无声，回归原来的寂静。

“调调”和“刁刁”都是形容摇动的样子，前者指大幅的摇动，后者指微微的摇动。此处，也有将其解释为风停之后树丛的摇动。不过，上文“而独不闻之……乎”是从听觉角度说的，相应地，这里的“而独不见之……乎”是从视觉角度说的，所以，此句理解为子綦是就树丛被风吹拂时的样子让子游确认似乎比较合理。

自古以来，这段文字以生动描写风吹的景象而闻名。这的确是一篇了不起的文章，如果再考虑到在庄子的时代，这类描写自然景物的文章绝无仅有，那么评价应当更高。

何谓“天籁”?

子游马上就领会了这是关于地籁的解释。那么天籁又是怎样的呢？子綦这样回答子游的提问：

> 夫吹万不同，而使其自己也，咸其自取，怒者其谁邪！

就是说，风吹的方式多种多样，吹过千差万别的窍穴时会发出千奇百怪的声响，这些声响全都是由各种窍穴自然产生的，使这些声响得以发出的究竟是谁呢（这个主使者是不存在的）？

“怒者其谁邪”一句，也有不作为反问句而作为单纯的疑问句来解释的。对古代人来说，天地自然的作用完全是神妙莫测的，因而，就会抱有这些声响究竟由谁发起的疑问。人籁无疑是指人吹奏乐器发出的声音，所以，对于地籁，思考是谁在吹气是很自然的。

但是，在这里，在反问句的意义上来理解更为恰当，即：在天地自然的世界中，让大风兴作、使树木发出声响的主体——也就是主宰者——是不存在的。于是，当我们认为，风经过树木的孔窍而发出的声音就是风和孔窍自己发出的自然而然的声音，那么，这个声音才是天籁。实际上，人籁也是人吹竹管时气息振动而产生的竹管自身的声音，在这个意义上，人籁也被看作天籁，但其中的道理稍有些难理解。

总之，如果把风吹树木发出的声响当作天籁来听，那么天地自然的万象之声皆为天籁。河流的潺潺水声、虫鸣声、雨声等无不是天籁。若将这些万象之声当作天籁来听，我们的心灵便会与这些声音产生共鸣而融入天地自然之中。

这种心灵的活动可谓是一种诗人式审美的感性活动，的确能使人的心灵宁静，但庄子所要表达的却似乎并非仅限于此。庄子是感性的，同时也是极为理性的。在讨论了从地籁中聆听天籁之后，庄子对与树丛的沙沙作响相类似的、心灵中的唧唧喳喳的各种“声响”展开了详细的讨论。关于天籁的对话，实际上就是庄子将我们心灵的活动看作是天地自然的自己运动的一环这一思想的序曲。

“大知闲闲，小知间间”

那么，我们心灵中唧唧喳喳的各种“声音”是如何被描述的呢？也还是相应于地籁声响的丰富性，而从《齐物论》篇“大知闲闲，小知间间。大言炎炎，小言詹詹”开始，进行了生动的描写。

此处的“大知”“小知”，一般是根据《逍遥游》篇中的“小知不及大知”而倾向于解释为：“大知”是宽裕广大的智识，“小知”是细碎穿凿的智识。“大言”“小言”也是照此加以解释：“大言”是陈述“大知”之言，“小言”是陈述“小知”之言。因此，我们内心唧唧喳喳的各种“声音”，即心灵的各种活动，也就是现实化了的“小知”和“小言”。

但是，如果把此段作为天籁对话的展开部分来解读，那么地籁中就不应该包含什么特别的意指，而既然“大知”“大言”之外的其他部分也都被解释为是在叙述心灵的各种活动，那么，认为只有“大知”“大言”是对心灵各种活动的超越就是有些牵强的。因此，应该按照李勉《庄子总论及分篇评注》（台湾“商务印书馆”，1973 年 6 月）和孙雍长《庄子注译》（花城出版社，1998 年 5 月）的解释，将这里包括“大知”“大言”在内的所有叙述都理解为是对心灵各种活动的描写。如果按此思路来理解《庄子》原文，其大意如下：

> 广大的智慧从容周到，狭小的智慧急躁穿凿。宏大的言说气势凌人，细小的言说议论琐碎。[由于如此运用心智，所以]入睡时陷入梦魇，醒来时身体劳碌。与人接触产生事端，每天钩心斗角。[至于这个心,]则时而放任，时而阴险，时而警觉。小的恐惧战战兢兢，大的恐惧忧心欲死。发言如同射出的箭一般[极为敏捷]，这是说其判定是非；闭口不言如同发誓一般[坚定]，这是说其守住胜利。逐渐枯萎如同秋冬一般，这是说其日益衰颓；迷惑沉溺的行为已无法恢复原本的状态，欲望滞着如同被加上了封印，这是说其衰老而[欲求]却日甚一日。接近死亡的心灵，已经不能恢复生命力。时而喜

> 时而怒，时而哀时而乐，时而思虑［未来］，时而叹息［过去］，精神时而变化，时而执着，时而喧闹，时而尽兴，情欲时而狂乱，时而娇媚。[1]

原文中有很多难解的语句，因而细微处或许还存在疑问，但这些文字确实是在对我们的心灵活动具体地进行描写，以为心灵的活动就是如此。那么，我们究竟应当如何看待呢？庄子继续做了论述。

不知心灵活动从何处萌生

> ［这些心灵的活动］就像是从空虚的竹管中发出的音乐，从湿热的气体中生出的菌类。它们日夜变化，但不知道是从哪里萌发的。罢了罢了！这些心灵活动天天出

---

1 原文为："大知闲闲，小知间间。大言炎炎，小言詹詹。其寐也魂交，其觉也形开，与接为构，日以心斗。缦者，窖者，密者。小恐惴惴，大恐缦缦。其发若机栝，其司是非之谓也；其留如诅盟，其守胜之谓也；其杀如秋冬，以言其日消也；其溺之所为之，不可使复之也；其厌也如缄，以言其老洫也；近死之心，莫使复阳也。喜怒哀乐，虑叹变慹，姚佚启态。"（《庄子·齐物论》）

现，这正是所谓生命的状态吧。[1]

庄子说，尽管心灵活动千变万化，却不知道为什么会如此。“从空虚的竹管中发出的音乐，从湿热的气体中生出的菌类”一句，似乎是从上下文脉之间浮现出的，是插入语，其训读是“乐出虚，蒸成菌”。“乐出虚”是指竹管感应气息而发出声响的人籁之音，“蒸成菌”是古老的想法，意思是从朦朦胧胧的气中产生物质。插入这一句，意在说明竹管的声响和菌类的产生是自然的过程，但不知道何以如此，由此强调，对于心灵何以会有此千变万化的活动也无从知晓。由于有这一表述，可以认为人籁也被看作天籁，因为竹管的声响本身并不是人所能制造出的。

“罢了罢了”，原文是“已乎已乎”，也可以理解为“无可奈何”。这几句意思是说：每天变化不已的内心活动源自何处？对此，无论怎么探究也搞不明白，所以还是放弃吧。现代心理学、哲学或脑生理学也还未能清楚地揭示人的心灵活动的全貌，庄子那个时代的知识水平就更不必说了。

---

1 原文为：“乐出虚，蒸成菌。日夜相代乎前，而莫知其所萌。已乎已乎！旦暮得此，其所由以生乎！”（《庄子·齐物论》）

话虽如此，就如庄子所说的，我们平常带着意识而生存的过程，就是与心灵的各种活动共沉浮的。因此，虽然说着“罢了罢了”，却不能轻易地作罢。这里就需要更深入的考察。

心灵有真宰吗？

庄子说：

> 如果没有对方，自我这个东西也就不存在；如果没有自我，各种心灵的活动也无从发生。这也是接近真实的。但是，不知道是谁在主使这样做？[心中] 似乎有真宰，但又不能见其迹象。[真宰] 在发生作用，这是极其真确的，但看不见它的踪迹。虽有 [发生作用的] 实情，但未显露形象。[1]

这段文字文意甚难把握，存在多种解释。但无论如何，

1　原文为：“非彼无我，非我无所取。是亦近矣，而不知其所为使。若有真宰，而特不得其眹。可行已信，而不见其形，有情而无形。”（《庄子・齐物论》）

如果内心的各种活动不发生，确实可以说“这也是接近真实的”。“如果没有对方”等说法，应该是设想了一种孤高的隐者那样的生存状态。但是，有对方存在是我们的常态。以为抛开对方就解决了问题，这是讲不通的。

心灵的各种活动是必须面对的问题，但是，那个引起我们心中各种活动的东西即“真宰”——真正的主宰者——是什么，则不得而知。这一说法，正好与关于地籁的“怒者其谁”的疑问具有同样的含义。因此，庄子虽然有“似乎有真宰”（若有真宰）、“在发生作用是极其真确的”（可行已信）等说法，但实际上是想表达，真宰的有无并不重要。

就像风吹森林而万籁之声并作一样，我们心灵的变化也未曾有片刻的停息。如果将树木发出的声响看作是自然的运行的话，那么我们内心的种种活动也就可以作为自然的运作来认识。心灵的活动并非完全由意识控制，而是在意识的范围之外任意发生作用。因此，提出真宰的说法，不过是说明了这一点：我们的心灵活动似乎是被某种意识之外的东西所推动的。

庄子思考的理路可以说大致就是这样。由此，庄子将讨论从心灵的问题扩展到了身体的问题。

身体有真宰吗?

> 人身体中有一百个骨节，有耳目鼻口及下二窍等九窍，有五脏及命门（指右肾，被认为是精神寄居之所）等六脏。我将与其中哪一个亲近呢？[其实与哪个都不特别亲近。] 你是对它们都喜欢，还是有特别喜欢的一个？[事实并不是那样。] 如果是这样，[身体的各部分] 都成为臣下吗？如果它们都是臣下，就不足以互相统治吗？还是轮流成为君主和臣下呢？抑或存在一个真正的君主？不管能否探究并把握到这些实情，对于 [我们的身体在正常地运转这一] 事实来说，都没有任何增益和损失。[1]

这段话的意思是说，就像在心灵活动中设想一个真宰是没有意义的一样，对于身体各部分的运转而言，其主宰者即真宰是什么，也是无从知晓的。这些话是“我”对“你”说

---

1 原文为：“百骸、九窍、六藏，赅而存焉，吾谁与为亲？汝皆说之乎？其有私焉？如是皆有为臣妾乎，其臣妾不足以相治乎？其递相为君臣乎？其有真君存焉？如求得其情与不得，无益损乎其真。”（《庄子·齐物论》）

的，可见，包括上文的叙述在内的以上文字，都设定为是子綦对子游说的话。

在身体器官及其运作的状态方面，我们现代与庄子的时代呈现出显著的差别。但是，在心灵和身体何以如此运作以及身与心的相互关系等方面，虽说仍是一个神秘的领域，今天与庄子时代也不会有太大的差异。我们不能断言，现代人与庄子时代相比就一定变得格外聪明了。因此，庄子这种对于心灵和身体即使进行探究也无法完全了解的观点，对作为现代人的我们来说，某些方面也是适用的。

论述至此，庄子就要对心灵的问题下一个结论了。

禀受人的形体后，只能待其终结

一旦禀受了人的形体之后，不丧失而待其终结。与外界事物接触，或违逆或顺从，这样度过一生就如同疾驰的马，不能停止，这不是很悲哀的事吗？终其一生都辛苦忙碌而没有成就，劳苦疲惫而不知将身寄于何处，这不是很悲哀的事吗？把这种状态说成是尚未死亡，又有何益？他的形体变化了，他的心灵也随之发生了改变，这不能不说是巨大的悲哀！人的生存本来就是这样迷惑吗？还是只有我迷惑，而有人不迷惑呢？[1]

庄子指出，人生而为人以后，不要与外界事物纠缠而忙碌劳苦，而应完整地享其寿命。整体上看，这与其说是年轻时朝气蓬勃的思想，不如说是一种接近老年境况的彻悟。“不丧失”[2]一句，在文本上存在疑问。有人以“亡”为“化”字之误，将“不丧失”解释为“不变化”[3]，此说是有道理的。但这里解释为：不丧失伴随身体被赋予的天性——即称为“道”或“德”的东西，似更恰当。“或违逆或顺从”句，是根据郭注和成疏加以解释的，语调总让人联想到夏目漱石的小说《草枕》开篇的两句：“发挥才智则锋芒毕露，凭借情感则流于世俗。”

“只有我迷惑，而有人不迷惑”一句在行文上稍显不自然，因为这里没有必要反省自己。至于为什么会如此叙述，大概是

1 原文为：“一受其成形，不亡以待尽。与物相刃相靡，其行尽如驰，而莫之能止，不亦悲乎！终身役役而不见其成功，苶然疲役而不知其所归，可不哀邪！人谓之不死，奚益？其形化，其心与之然，可不谓大哀乎？人之生也，固若是芒乎？其我独芒，而人亦有不芒者乎？”（《庄子·齐物论》）

2 对应的原文是“不亡”。

3 对应的原文是“不化”。

因为此句是以《老子》为依据的。就是说，该句的训读“其我独芒，而人亦有不芒者乎”，可以认为是以《老子》二十章“俗人昭昭（清楚），我独昏昏（糊涂）。俗人察察（聪明），我独闷闷（迟钝）”等为基础的。但是，“其我独芒，而人亦有不芒者乎”与“怒者其谁”、“其有真君存焉”等一样，不是疑问而是反问，在思想上与《老子》的文意是不同的。

原文中说“这样度过一生就如同疾驰的马”，在此，马是被作为快速的象征来叙述的。外篇的《知北游》有“人生天地之间，若白驹之过郤（间隙），忽然而已”的句子，这是说，人的一生就像从门户的缝隙看白马疾驰而过一样短暂。“忽然”一词在日语中也经常使用，意思是立刻、突然，出现的时间极短。若反观人生，的确是如此，庄子的表述实在是恰当。他认为，正因为如此，才要过一种不对心灵和身体做过度探究、不为外界事物所役使的生活。

从这里开始，我们更进一步地走入庄子心灵世界的深处。

不应以成心为师

一般说来，如果跟随着成心而以其为师，又有谁没有师呢？为什么一定只是知晓变化而心有所执者才有师呢？愚者亦有其师。尚无成心却对是非有所判断，就如同“今日适越而昔至”一样，这就是把无当成有。如果把无当成有，即使是神禹也不能明白，我又能如何呢？[1]

这是篇中探究心灵各种活动的问题所得出的结论。

所谓“成心”，是指成见即主观性判断。如果把自己的想法当作“师”亦即标准，那么任何人都有一个标准。“知代而心自取者”的说法较难理解，但由于此句是与下句的“愚者”相对而言的，所以应当是指贤者。一般解释为：懂得天地自然的变化（造化）之道，领会并选择与道合一的人。但是，这样解释的话，非但不是有成心的人，而且简直就变成了庄子所推崇的达观者了！因此，这里按照金谷治的说法，将其解释为是以《吕氏春秋·开春论·爱类》中记载的惠子言行为依据的：

匡章非难惠子说，你既然主张拒绝高官尊位的学说，又为何出仕齐王而得高位？这是言行不一。惠子回答说：我这样做是为了加强齐王的力量，从而使人民生命得到保全。打

1　原文为：“夫随其成心而师之，谁独且无师乎？奚必知代而心自取者有之？愚者与有焉。未成乎心而有是非，是今日适越而昔至也。是以无有为有。无有为有，虽有神禹且不能知，吾独且奈何哉！”（《庄子·齐物论》）

个比方说，“今有人于此，欲必击其爱子之头，石可以代之”。[1]意思是，在非要打爱子的头不可的时候，就以击打石头代替。因为爱子的头贵重，而石头并非贵重之物。出仕齐王而做高官，是为了保护人民的生命。不过，惠子的这些事迹是否史实还不甚清楚。

就是说，出仕齐王这一不重要的事情，可以成为实现保全人民生命这一重要事情的方法。以惠子之贤，当然了解这样的手段，他会从自己的成见出发做出轻重主次的判断，这无疑就是“随其成心而师之”。

如果以成见为判断的标准，那么不仅是贤者，无论多么愚蠢的人也都有一个判断的标准。从庄子的观点看，没有成见就不可能有是非判断。他说，这种不可能性，就如同“今日适越而昔至”一样，是一种绝对的不可能。关于这方面，

---

1 匡章与惠子对话的原文为：“匡章谓惠子曰：‘公之学去尊，今又王齐王，何其到（倒）也？’惠子曰：‘今有人于此，欲必击其爱子之头，石可以代之。’匡章曰：‘公取之代乎？其不与？’‘施取代之。子头所重也，石所轻也。击其所轻以免其所重，岂不可哉？’匡章曰：‘齐王之所以用兵而不休、攻击人而不止者，其故何也？’惠子曰：‘大者可以王，其次可以霸也。今可以王齐王而寿黔首之命，免民之死，是以石代爱子头也，何为不为？民寒则欲火，暑则欲冰，燥则欲湿，湿则欲燥。寒暑燥湿相反，其于利民一也。利民岂一道哉？当其时而已矣。’”（《吕氏春秋·开春论·爱类》）

已在前文中结合惠子“历物十事”做了讨论。这一段是前后呼应地批评了惠子。

“神禹”指禹，是继尧舜之后成为天子的上古圣人。因为最后一句是“我又能如何呢”，所以至此都是子綦所说的话。而其后文字的展开又与二人的对话有所不同。

子綦对子游的一番话，其要点在于：我们心灵的各种活动源于何处不得而知，设想其主宰者也没有意义，但由于它们是在与外界的关联中产生的，因此，我们应该寻求这样一种生存方式，即不被外界事物所役使，不从一己的成见出发判断是非。

但是，应该说，我们是在与外界的关联中生存的，是非判断是我们日常生活的前提。可以把地籁、人籁当作天籁来聆听，但是，究竟怎样把内心的各种活动当作天籁来聆听呢？仍然留有疑问。因而，庄子由此对语言和认识的问题展开了更为精到的讨论。

3. 庄子的认识论

语言的问题

首先，庄子从作为认识活动基础的语言问题开始，大致进行了如下分析：

> 言说与吹风毕竟是不同的。言说是有要表达的意义的。如果这个意义没有清晰地确定，那就不成其为言说。然而，即便以为这样的言说与雏鸟孵化时啄壳的声音不同，也未必能将二者区分开。道无处不在，是无所谓真伪的，但如果隐藏于小成（小的成就）就会产生真伪；言无所不可，是无所谓是非的，但如果隐藏于荣华（华丽的言辞）就会产生是非。这样就产生了儒家和墨家的是非争论，相互以对方之非为是，以对方之是为非。与其那样，不如立足于明——绝对的智

慧——的立场。[1]

这是说，语言包含着它所传达的意涵。在这一点上，言说虽然与自然的风声或小鸟发出的声音有所不同，但原文大概是要强调，在“意义没有清晰地确定”这种情况下，两者没有区别。时而肯定、时而否定的言说皆属于“没有确定”的言说，因为如果是确定的，就不存在争论的可能。因此，儒家和墨家的是非之争也就被归入“意义没有清晰地确定”的言说之类。

对“道”的言说，只是与“言”进行对照，重点在“言”上。道如同天地自然的循环，真和伪只是人间世界的问题，所以道当然无所谓真伪。因此，符合天地自然的人，其道也是没有真伪之别的。所谓“伪”，是指仁义之类的道德。如《老子》十八章“大道废，有仁义”所说的，道隐没（废弃）了才会出现仁义之类的“小成”。一旦道隐没于“小成”，是

1 原文为：“夫言非吹也，言者有言，其所言者特未定也。果有言邪？其未尝有言邪？其以为异于鷇音，亦有辩乎，其无辩乎？道恶乎隐而有真伪？言恶乎隐而有是非？道恶乎往而不存？言恶乎存而不可？道隐于小成，言隐于荣华。故有儒墨之是非，以是其所非而非其所是。欲是其所非而非其所是，则莫若以明。”（《庄子·齐物论》）

真还是伪就会成为大问题，例如，就仁来说，就会出现真仁和假仁的分别，或者以仁为真而以不仁为伪。

“言无不可”的意思是：就如同道原本是无关乎真伪而普遍存在的一样，言本来是无关乎肯定否定的判断而普遍通达的。“荣华”指修饰造作的语言，“荣”与“华”皆指花，前者为草开的花，后者指树开的花。

儒家和墨家是当时最具代表性的学派。那么，它们的是非论争如何调解呢？由此引出的是，从惠子思想获得启发而提出的“彼是方生之说”。关于这个问题，上一章讨论了“圣人不由而照之于天”的思想。如果复述其要点，就是：天地自然是无所谓可与不可、是与非的，因此之故，应当顺任天地自然之道，而超越人为的价值判断。这就是庄子的立场。

置身于“道枢”

庄子还有更进一步的论述。

这个“照之于天”的立场也是自己所采取的立场，故而又成为“是（此立场）”。但是，由于它根本上是无所谓可与不可、是与非的天地自然的立场，所以也就不存在相互依存的“是”与“彼”的对立，因此，可以说“是亦彼也，彼亦是也”。

例如，白马与黑马，若以近处的白马为“是”，则远处的黑马即为“彼”。但是，是白是黑，这是人类的视角。如果从“照之于天”的观点来看，两者都是马，极而言之的话，不过是存在于天地自然中的一物而已。由于没有所谓“是”与“彼”的对立，所以，“照之于天”，则白马与黑马无分别。换言之，说白马是黑马、黑马是白马亦无妨。

原文接着说：“彼亦一是非，此亦一是非。”这里，呈现对比关系的不是“彼”和“是”，而是“彼”和“此”。以郭象为代表的各家注解都以为，“彼是”和“彼此”的意义相同。虽然对仅有这里为“此”字仍存疑问，我们还是把“此”作为“是”来理解。这样，因为从“照之于天”的立场看，“是亦彼也，彼亦是也”，所以同样可以说：是即非，非即是。就是说，“彼”和“是”之中都包含着是与非两个方面。

例如，如果分别以儒家和墨家为“彼”和“是”，那么从儒家自身的立场来说，儒家为是、墨家为非。但是，若以超越儒墨两家的“照之于天”的立场观之，则儒家之中就既有是也有非。虽然说的是“一是非”，但其视域是超越是非的。

这样看来，是与非这样的对立原本是不存在的，这成为讨论的焦点。庄子将此表述为：

彼是莫得其偶（对方），谓之道枢。

到这里，真正庄子式的语言出场了。

“枢”是门户的转轴，门扇以枢为中心转动，而枢是不动的。同样，位于天地自然森罗万象之中心的是“道枢”——道之枢纽，因而说“枢始得其环中，以应无穷”。“环中”就是圆环的中心，指门户合叶的轴孔。天地自然的无穷变化也有一个不动的中心，这就是天地自然自身，即所谓道。

道将彼是、是非等一切差别都包容于其内，不做任何分别。如果要仔细区分下去的话，自然界和人世间的事物都是“无穷”的，而所有这些都包含在道之中。因而说“以应无穷”。是是非非，若分析下去，都是没有穷尽的。因此，庄子总结以上的论述，得出了“莫若以明”的结论。“明”指前文论及的绝对的明智，庄子反复强调了“明”。[1]

---

1 以上相关原文为：“物无非彼，物无非是。自彼则不见，自知则知之。故曰彼出于是，是亦因彼。彼是方生之说也。虽然，方生方死，方死方生；方可方不可，方不可方可；因是因非，因非因是。是以圣人不由，而照之于天，亦因是也。是亦彼也，彼亦是也。彼亦一是非，此亦一是非。果且有彼是乎哉？果且无彼是乎哉？彼是莫得其偶，谓之道枢。枢始得其环中，以应无穷。是亦一无穷，非亦一无穷也。故曰莫若以明。”（《庄子·齐物论》）

关于“指”和“马”的讨论

庄子接着举出一个令人印象深刻而又十分费解的比喻：

> ① 以指喻指之非指，不若以非指喻指之非指也。
>
> ② 以马喻马之非马，不若以非马喻马之非马也。
>
> ③ 天地一指也，万物一马也。

这里倒没有使用难懂的词语，但其意指确实不易理解，因而自古以来有多种解释。

有的解释认为，这还是庄子对著名逻辑学家公孙龙诡辩的驳斥。公孙龙以“白马论（白色的马不是马）”和“坚白论（石头的坚硬和白色分别为二）”闻名，此外还有“指物论”的主张。上面引文的①②所驳斥的就是其“指物论”和“白马论”。

但是，也有人推定公孙龙活动的年代在庄子之后约半个世纪，认为庄子不可能了解公孙龙的学说。关于这个问题，没有确考。不过，惠子也主张“坚白论”，当时在很多学者之间掀起了十分热烈的逻辑学争论。也就是说，在庄子的时代，也出现过以“马”和“指”为论题进行的论辩。或者也可以推断，这部分文字是庄子后学在公孙龙活跃时代的作品。各种观点都可以成立，不过，此处讨论到这个程度就足够了。

“指物论”的中心命题是“物莫非指，而指非指”。其含义可以理解为：物只有指示（命名、赋予意义）它才成为物，而指（指而示之）并非实际的手指。因此，如下文所看到的，公孙龙的指物论与此处庄子所表达的意义是不同的。从这一点来看，似乎也没有必要如此死板地把庄子的命题与公孙龙扯上关系。

庄子的三个命题

那么，庄子的命题究竟是什么意思呢？我们在前章已经对惠子的“小同异”和“大同异”做了探讨，上面的三个命题实际上是与此相关的。①和②的意旨显然是相同的，③则是批驳“白马非马”这一著名命题的，所以我们由此展开讨论。庄子的意思是：用白马来论证白马不是马，不如用非白马，比如黑马，来论证白马不是马。

相对于马的概念而言，白马以及黑马、红马、黄马（至于有没有这些称谓另当别论）是下级概念，因此，虽然表述为“马是白马”不正确，但表述为“白马是马”则是正确的。这一命题之所以被否定，不是因为表述上的问题，而是因为“小同异”即概念之间关系的问题。庄子的反驳的要义是：与其将它看作仅仅是白马与马之间的问题，不如拿与白马同层次的东西，如黑马，来加以论证。

为什么呢？原因在于，如果将“白马”这一“马”的下级概念看作与“马”同级别的概念，那么同样地，也必须把“黑马”这一“马”的下级概念看作与“马”同级别的概念，由此推论，“白马”是“黑马”这一荒唐的结论就会成立（这是概念之间的问题，与“照之于天”的立场不同）。出现这一谬误的原因，在于将“白马”看作“马”这一点，因此，“白马”不是“马”。庄子认为，上述说法更容易理解。

其所以乍读起来难以做出这样的理解，是因为庄子的命题是用“马”这个词同时表示马的概念及其下级概念。通常，无论白马还是黑马，我们都称为马，日常情况下这样就足够了。由于其日常的用法与逻辑学的用法混合在一起，所以不易理解。

因此，说得繁琐一些，② 应该是“以白马喻白马之非马，不若以非白马喻白马之非马”，但这样表述的话，就缺少风趣了。庄子懂得，在讨论问题时，表述的趣味性也是不可或缺的。

① 也是同样的情况，即表述为：用大拇指来论证大拇指不是指，不如用非大拇指，比如中指，来论证大拇指不是指。

“天地一指，万物一马”

词语“马”和“指”是概念，而现实中存在的马和指都是唯一的个别物。概念似乎对个别物有所把握，但这只是通过命名个别物而将其一般化，从而使之能为人所理解。

如果脱去马、白马、那匹马、这匹马等一切规定来看待这种个别物的话，那么它们都是作为独立的个别物存在的。但是，所有个别物在作为个别物存在这一点上又是同一的，也就是普遍的，这正是前已述及的“大同异”的问题。

按照当时流行的世界观来说，“天地”是世界的界域，可以用“万物”这个概念来概括存在于天地之间的个别物。就是说，从这一普遍概念来看，个别物的独特性就完全消失在“天地”和“万物”的框架中。

于是，当我们从普遍概念出发看待天地间存在的个别物时，无论将其全体称为“马”还是“指”，或赋予其他任何称谓，都没有什么不同了。因为在进行称谓时，个别物并没有作为个别物被区分，而是在“作为个别物存在”的普遍中被消解了。这正是万物齐同（万物均等同一）亦即“齐物”的世界。

上述解释变得繁琐和难懂了，不过这就是③“天地一指也，万物一马也”这一命题的意指所在。“白马非马”“拇指非指”的讨论是单纯的概念之间上级与下级关系的问题，“天地一指”“万物一马”的讨论则使视域上升到普遍与个别物关系的问题。

天地和万物是分别被表述为“一指”和“一马”的，但这与说天地万物是“一指一马”的意义是相同的。同样的例子：表达“天地是长久（永远）的”这个意思时，不说“天地长久”，而说“天长地久”，这是汉语的一种修辞方法。

那么，“一指”“一马”是在什么样的境界中言说的呢？一切皆是“指”、一切皆是“马”，没有横亘在天地与个别物之间的各种束缚，没有万物之间的任何差别、对立和争斗，如此存在的个别物，因其为个别物而充分地享受着作为个别物的存在。就如同被风吹拂的林木发出万籁之声一样，这可以说是一场万籁之声并作的个别物的盛宴……庄子脑海中所描绘的世界就是这样的吧。

至此，阅读《齐物论》的艰难旅程已经走过了一半，让我们继续踏上后半程吧。

4. 庄子的存在论

“物固有所然，物固有所可”

《齐物论》篇接下来的论述，总体上是从“照之于天”的立场、从“道”的立场来审视人为的营求活动，其论说也渐入佳境。

“万物一马”句后面的部分存在文本的混乱，按原文难以读通。不过，相同的文句也出现于杂篇的《寓言》中，很多前辈学者都参照《寓言》文句对《齐物论》此段进行校订。下面就根据这些研究，在校正文本的基础上进行读解。庄子说：

> 路［原本是无人迹的地方，］因为有人走过而成为路，物［原本是天然的存在，］因为有人如此称谓而成为物。［这一切都是人为的。］［就人的判断而言，］以为可，是基于［某种人为的］依据（即成见）；以为不可，也有某种依

据。以为然，是基于某种依据；以为不然，也有某种依据。以何为然？以然的东西为然；以何为不然？以不然的东西为不然。以何为可？以可的东西为可；以何为不可？以不可的东西为不可，[这一切都是世俗的或者主观的]。[但是，从“照之于天”的立场来看，] 物原本都有然的地方；物原本都有可的地方。物没有不然的；物没有不可的。[1]

这一段是在讲什么呢？“道”是道路的意思，并非指天地自然之道。人所做出的“可”与“不可”、“然”与“不然”的判断，是人为地加诸天地自然之物的。自然存在的物本身本来是没有什么“不然”“不可”的——换言之，是皆“然”、皆“可”的。这就是说，从“照之于天”的立场来看，一切事物都被完全肯定。因此，又有如下论述。

---

1 此段所依据的《齐物论》篇原文参照《寓言》篇做过校订。原文为：“可乎可，不可乎不可。道行之而成，物谓之而然。恶乎然？然于然。恶乎不然？不然于不然。物固有所然，物固有所可。无物不然，无物不可。”（《庄子·齐物论》）“有自也而可，有自也而不可；有自也而然，有自也而不然。恶乎然？然于然。恶乎不然？不然于不然。恶乎可？可于可。恶乎不可？不可于不可。物固有所然，物固有所可。无物不然，无物不可。”（《庄子·寓言》）

皮肤病患者与美女西施无别

> 因此之故，将纤细的草茎与粗壮的木柱、丑陋的皮肤病患者与美丽的西施相比较，是颇为异常和奇怪的事情，但道贯通之而以为一（相同）。[1]

这显然是在说，世俗世界中的大小、美丑，无论有多么大的差异，站在道的立场上看都是同一的。

西施是越国的第一美女。现在还有“东施效颦”这个成语，讲了这样一个故事：西施因胸口疼痛而紧皱眉头之时非常美丽。见此情景，一位丑女也模仿西施皱起眉头，结果周围的人们都惊恐逃离。所以，此成语有模仿别人而成笑柄的意思，但在更多的场合是把别人作为榜样的一种谦虚的说法。“颦”是颦蹙的颦，指皱眉。“蹙”是皱起眉头的意思。

竟然说西施这位绝世的美女与皮肤病患者相同，这确实是

---

1 原文为：“故为是举莛与楹，厉与西施，恢恑憰怪，道通为一。”（《庄子·齐物论》）

异常而奇怪的对比。但是，从无论美丑都是一张人脸这一点来看，出人意料地，道的立场也并非遥不可及。不过，庄子说二者相同，并不是说人脸面皮的区别无关紧要，而是从鸟见到二者都会飞向空中、鱼见到二者都会潜入水底这一意义上说的。

成形即是毁坏

庄子进一步展开其讨论：

> 说起来，分离即是成形，成形即是毁坏。大凡事物，其成形和毁坏又通而为一（相同）。不过，只有通达［于道］的人才领悟通而为一的道理。因此之故，［道的通达者］不用［成见］，而寄托于庸常。庸常就是日用，日用就是通达，通达就是自得。如果常能自得，则接近［于道］。也只是因循于此（这样的立场），而不知道为什么如此。这就称为道（道的境界）。[1]

1 原文为："其分也，成也；其成也，毁也。凡物无成与毁，复通为一。唯达者知通为一，为是不用而寓诸庸。庸也者，用也；用也者，通也；通也者，得也；适得而几矣。因是已。已而不知其然，谓之道。"（《庄子·齐物论》）

认为事物的分离、成形和毁坏是没有区别的，这与从道的立场上看是与非没有分别是一回事情。在现代社会，二氧化碳扩散与全球变暖，水坝的建成与自然环境破坏，诸如此类的因果关系不胜枚举。庄子的时代尚未出现这样严重的问题，但是，水流的扩散与耕地的形成、城墙的建成与土壤的破坏等因果关系则大量存在。

不过，庄子并非是在揭发这种现实。庄子认为从道的立场上看一切都是通而为一的，如果将这一观点看作关于现实问题的思想的话，那就没有比这种思想更含糊其词的了。庄子所说的不是这种现实问题，而是认识的问题，是说一切事物都包含着固有的矛盾。进一步言之，认为有矛盾的想法是世俗的观点，从道的观点看矛盾本身都是不存在的。

因此，通达者不会以主观成见自用。文中的庸常、日用、通达、自得等词，原文作“庸”“用”“通”“得”，四字在意义和发音上都有相通之处。“庸”是天地自然的一般存在方式，“用”是天地自然的作用，“通”是天地自然作用的无所不在，“得”是让天地自然的作用调和自己的精神。然而，既然对这一过程无所知才是道的境界，那么最终就变成了没有任何思维活动，即没有任何思虑而一切听任天地自然的作用。

“朝三暮四”

在如此描写道的立场时，庄子插入了一则寓言，这就是众所周知的“朝三暮四”的故事：

> 劳神明为一（相同），而不知其同也，谓之朝三。何谓“朝三”？狙公赋芧，曰：“朝三而暮四。”众狙皆怒。曰：“然则朝四而暮三。”众狙皆悦。

“神明”是指心。这个故事的寓意是：种种妄动使心灵烦扰，实际上是在做同一件事，却不知道它们是相同的。“狙公”是养猴的人，“狙”是猴子，“芧”是用作饲料的橡子。

同样旨趣的故事又见于《列子・黄帝》。其内容是这样的：狙公喜爱猴子，饲养了很多只猴子。由于他突然变穷了，就想减少饲料。但是，他担心猴子不再亲近自己，就用朝三暮四的说法安抚猴子。圣人用这种智慧来安抚愚昧的民众，也是同样的道理。

在《黄帝》篇的故事中，清楚地说明了“朝三暮四”故事创作的缘由。故事中圣人不是被批评的，而是被赞扬具有高超的智慧。我们如果不多加注意的话，也会被这样的圣人所诓骗。

对于故事中猴子的行为，庄子解释说，“名实未亏而喜怒为用”——言语所指的内容并没有缺少，却时而喜时而怒地动用情感。的确是如此。那么，我们应当怎样做?

“天钧”和“两行”

这里，庄子讲出了独具庄子特色的话：

> 亦因是也。是以圣人和之以是非而休乎天钧，是之谓两行。

“亦”是“也还”的意思。前文已出现“因是”之语，所以此处也说“因是”。所谓“是”，就是道的立场。“是以”是固定语句，意为因此之故。“和之以是非”就是调和是非。因为在世俗世界中是无法调和相反的事物的，所以此处是指站在道的立场上进行调和。

“天钧”是指天这个“辘轳”。庄子着眼于天的循环运动，而把天地看作一个巨大的辘轳。这一构想规模之宏大，犹如从飞翔于天空的大鹏的高度俯瞰地面。这是庄子特有的思想。通过辘轳的运转而制作出了大大小小各种陶器，因此“辘轳”用以表示产生事物之意。“钧”当然含有使万物均平的“均”的意思。

“两行”是让矛盾和对立按其本来的样子发生。因此，尽管休息于“天钧”，让事物“两行”，现实的事物却没有发生任何变化。“天钧”和“两行”，说到底是为了超越现实而提出的观念。

5. 对圆满之“道”的终极思考

至此，我们以南郭子綦和颜成子游的天籁对话为开端，循着《齐物论》篇的展开脉络，探讨了心灵活动的各种样态、身心的真宰、以成心为师的问题、语言与明、道枢与明、指与马的概念、关于物之然可的评判、物的形成和毁坏等论述。最后，我们围绕其关于是非和评判的问题、道与语言的关系问题的论述来考察庄子的主张。应该说，这部分是《齐物论》篇最精彩之处，也就是全篇的高潮。庄子的论述在最后达到精微的极致。

从“无”到“物”，从“物”到“封”，从“封”到“是非”

首先，庄子分不同阶段讨论了是非的产生：

> 古人具有终极的知识，这就是未始有物的知识，这是最高的境界，是完满无缺的。次一等的是，认为有物存在但不认为有封域（区分）。再次一等的是，认为有封域但不认为有是非。[1]

这是说，人的认识从混沌逐渐走向有所分别。将古人理想化，是中国古代常见的尚古主义。像庄子这样对现实持否定态度的人，这种倾向尤其显著。

所谓未始有物，是与天地自然融合为一、全然无所思虑的境界。这一境界本身就是天地自然之道。虽然说没有物，但并非《老子》四十章“天下万物生于有，有生于无”的宇宙生成论式的构想，而是对自古以来就如此存在的天地自然之中人的生存方式的思考。如果把知识看作是以语言为媒介的判断的话，这一层次虽然称为“终极的知识”，但实际上甚至不能叫作知识。关于这一点，后文还会论述。

次一级的认识层次是，在与不被认识的天地自然为一体

1 原文为：“古之人，其知有所至矣。恶乎至？有以为未始有物者，至矣，尽矣，不可以加矣。其次以为有物矣，而未始有封也。其次以为有封焉，而未始有是非也。”（《庄子・齐物论》）

的过程中物的存在得到认识。这是对自己存在于天地自然之中的自觉。但是，由于是没有封界的，物仅仅只是存在，个体之间的任何秩序也没有被认识，只不过是按其本来的样子认识自然。“封”原指堆土而造的土地分界标志，引申为界域、领域、区隔等之意。

再次一级的认识层次，因为是有封界的，所以就有了秩序的观念。但是，又由于没有是非，因而即使有“那是山”“人不住在那座山里”之类的认识，也不会附加“那棵树应该栽在这里”“这只动物应该移到那里”这一类的判断。也就是顺任天地自然本来的样子，而不附加人为的价值判断。

以上所述的几层境界，可以说都是彻底的道的世界。但是，是非出现之后会怎么样？庄子继续写道：

> 是非变得显明时，道就会亏损。道之所以亏损，是因为爱的形成。但是说起来，形成啦、亏损啦等究竟存在还是不存在呢？[1]

---

1 原文为：“是非之彰也，道之所以亏也。道之所以亏，爱之所以成。果且有成与亏乎哉，果且无成与亏乎哉？”（《庄子·齐物论》）

所谓是非变得显明时道就会亏损，如上文所述，也就是“道隐于小成”。“爱”是爱憎好恶的情感，由此，心灵的各种活动就无穷无尽地展开了。形成啦、亏损啦的说法是要表达，从道的立场上看这些现象是不存在的。

因此，庄子接着举出在技艺和辩论的领域可谓达到最高水准的三个人物，对形成和亏损进行具体的辨析。

昭氏、师旷和惠子

> 有完成有亏损，就如同昭氏（名为文）弹琴时的状况；没有完成没有亏损，就如同昭氏不弹琴时的状况。昭文弹奏琴弦、师旷用策杖［和着曲调］打拍子、惠子倚着梧桐木几案［进行思考］，这三人的才智算是最卓越的了，因此直到后世还被传承。不过，他们偏爱自己的道[1]，这与［上文所述的］古人是不同的。他们偏爱自己的道，是试图显耀自己的道。他们试图显耀那不能显耀的东西。故而，［在惠施这里，］就以坚白论这样的暗昧

1 该引文中的道，皆指技艺。见下文。

不明而告终，[而在昭氏这里，]就以其后代又继承父亲的事业而告终，一生都没有完成。如果他们这样的状态能说是完成的话，那么我也算是完成了；如果他们这种状态不能说是完成，那么无论我还是其他任何人也都没有完成。[1]

这里，不易理解的语句非常多，且有各种不同的解释，本书给出了一种最少牵强的解释。昭氏据说是郑国的宫廷音乐家，是著名的琴师，但事迹不详。师旷是春秋时晋国的宫廷音乐家，是著名的音律调校师。

其所以联系演奏活动来说明形成和亏损的道理，是因为不论什么样的高手进行演奏，都是在奏出一个音的同时丢失无数个音。不过，庄子似乎也并非否定了音乐本身，因为《庄子》书中还是有庄子式的体道者以及庄子自己唱歌的故事

---

1 原文为："有成与亏，故昭氏之鼓琴也；无成与亏，故昭氏之不鼓琴也。昭文之鼓琴也，师旷之枝策也，惠子之据梧也，三子之知几乎，皆其盛者也，故载之末年。唯其好之也，以异于彼，其好之也，欲以明之。彼非所明而明之，故以坚白之昧终。而其子又以文之纶终，终身无成。若是而可谓成乎？虽我亦成也。若是而不可谓成乎？物与我无成也。"（《庄子·齐物论》）

的。上述译文中“他们偏爱自己的道”等句，原文是“其好之”，这个“道”用以指技艺。庄子认为，无论多么卓越的技艺，无论多么费尽心思，技艺之道与天地自然之道还是不同的。因此，庄子得出了下面的结论。

不用心于“滑疑之耀”

是故滑疑之耀，圣人之所图也。为是不用而寓诸庸，此之谓以明。

“滑疑之耀”这一表述晦涩难懂。“滑疑”意为混乱而可疑的样子，“耀”是光耀，因而“滑疑之耀”的意思就是迷惑人心的华丽言行。“所图”一语也不好理解。“图”，古体字作“圖”。这里的“圖”字应当是由其部首“啚”变形而来的。[1]“啚”，同“鄙”，是蔑视、轻视之意。“啚”又与“嗇”通，嗇是吝嗇之意。无论哪种解释，都具有否定性的含义。“图”原本也有谋求去除的含义。总之，“所图”就

1 王叔岷说：“圖当作啚，古鄙字。”见氏著《庄子校诠》上，中华书局，2007年，第70页。

是轻蔑而要去除的意思，所以后面接着说“为是不用”。除此之外，“图”还有其他的说法，可见，对古典的解释是颇为繁难的。

“诸”是“之于”的合成。“为是不用而寓诸庸”一句，与上文论分离、形成和毁坏的一段中的用语相同，其译文是：“因此之故，［道的通达者］不用［成见］，而寄托于凡庸。”当然，两句的主旨也是相同的。

“明”是绝对的明智。上文出现了两次，都表述为“莫若以明”。至此，才对“明”进行了解释。

“请尝言之”

但是，一切思想都是通过语言编织出的，即便是说无是无非、无彼无是而委身于天地自然之道，这样说本身不就是在谈论是与非、彼与是吗？因此，庄子对言说进行了根本性的反思。

> 今且有言于此，不知其与是类乎，其与是不类乎？类与不类，相与为类，则与彼无以异矣。虽然，请尝言之。

“且”是带有弱假设语气的词，相当于日语中说“先……”时的语气[1]。“今且有言于此”大概就是“现在先说一说”的意思。“是”，与下面的“彼”相对，即“因是”的“是”。这就是天地自然之道的立场，在此处即是上文说的“明智”。“类乎……”等句的意思是：现在所说的话，不知与高明的智慧是同类还是不同类？不过，认为是同类还是不同类，是以语言表现为依据的。在都使用语言这一点上，两种看法是相同的。这样，也就与“彼”即世俗辩论没有不同之处了，但还是试着稍作论述吧。以上就是此段的文意。

所谓“请尝言之”，意思是勉强地尝试论说语言原本无法表达的事物，庄子时常以这种方式来表述。

《齐物论》篇的结尾记述了几则故事，其中有一则是悟道者长梧子对瞿鹊子讲的话。长梧子首先说“予尝为女妄言之，女以妄听之”，然后才开始教诲。“妄言”“妄听”，就是随随便便地说、随随便便地听，是显著地展现出语言界限的言说方式。

外篇的《天道》中有这样一个故事：制作车轮的工匠轮扁批评齐桓公，说他所读的书是“古人之糟粕”（意为无用之

1 说“先……”时的语气，原文是“まあ、といった感じである”，“まあ”有“先……”的意思。

物）。轮扁说，他长年制造车轮，但是，削制用以穿过横轴的孔洞这一最重要的技术却不能用语言传达。因此，那些最重要的事情也必定不是书籍的语言所能表达的东西。

“开始”和“有无”的问题

以“请尝言之”为开场白，庄子展开了论说。这与前文所述古人具有“尚未有物”的认识这一问题相关联。

> 有开始，有尚未“有开始”，有尚未“有尚未‘有开始’”。有有，有无，有尚未“有无”，有尚未“有尚未‘有无’”。忽然出现了有无，但不知道有无究竟哪个是有、哪个是无？现在我似乎已经有所言说，但不知道我所说的，究竟是说了呢？还是没有说呢？[1]

上述文字，读起来令人头脑发昏，但实际上是极具逻辑

---

1 原文为：“有始也者，有未始有始也者，有未始有夫未始有始也者。有有也者，有无也者，有未始有无也者，有未始有夫未始有无也者。俄而有无矣，而未知有无之果孰有孰无也。今我则已有谓矣，而未知吾所谓之其果有谓乎，其果无谓乎？”（《庄子·齐物论》）

性的。前面说“尚未有物”，“物”是认识的对象，所以暂且不论，从思维的形式上说，“开始”和“无（没有）”成为论题。“没有”是“有”的否定，“没有”要具有意义，必须先有“有”。故而，“有物”相比于“尚未有物”是逻辑上在先的。因此，仅就思维的形式而言，出发点是“有开始”，“开始”和“有”首先成为论题。

关于“开始”的问题也是如此，“开始”之有意义，是相对于没有“开始”，也就是对“开始”的否定而言的。因为有某物开始才是“开始”，没有某物开始就没有“开始”。就是说，当我们思考“开始”时，在逻辑上，它的反面同时包含没有“开始”的意义，所谓“有尚未‘有开始’”就是讲这个道理。

同样地，“有尚未‘有开始’”之有意义，是相对于其否定而言的，此即“有尚未‘有尚未“有开始”’”。原文中关于“开始”的三句话，讲的就是这个意思，其连锁关系是无穷的，越是分析越陷入混乱。

“有”和“无”

下面来思考关于“有”的问题。“有”具有意义，是相对于“无”而言的。因此，“有‘有’”同时又意味着“有

‘无’”。“有‘无’”具有意义，是相对于其否定而言的，也就是“有尚未‘有“无”’”。同样地，又有对这一否定的否定，如此不断反复。

但是，这种思维的形式，归根到底是用有或无、肯定或否定来表述的，于是就“俄而有无”。原文中说“俄而”，就清楚地表明，此前的所有讨论都是在肯定和否定的框架内进行的。

然而，这个“有无”是思维的形式，并不具有实体。换言之，它就是康德在《纯粹理性批判》中说的“无直观的概念”。无概念的直观固然是盲目的，无直观的概念则是空洞的。对“有无”的言说，由于只是思维的形式，故不能触及道（实在）本身。因此，如果领悟了“实在”，就会“不知道究竟哪个是‘有’哪个是‘无’”。由于仅仅是思维的形式，当面对天地自然之道（实在）时，就不知道究竟是有所言说还是无所言说，这是此段文字的归结之处。

上述讨论是与用语言分析实在（假如这样说的话）相关联的根本性问题，是无法解答的问题。对此，庄子虽采取了朴素的形式，但他不仅是直觉性地进行把握，而且是颇有分析性地加以把握的。但是，与惠子那样的逻辑学家不同，庄子的构想与其说是面向语言和思维本身，不如说是趋向于指出语言的不完备性而回归天地自然之道。“万物齐同”既是这一构想的出发点，也是其归宿。

接着，庄子进行了上文提到的“天下莫大于秋豪之末”等论述，而以“万物与我为一”作结，并进一步由“万物与我为一”出发继续展开议论。

计算能手也无法算清

> ［万物与我］既然已经成为“一”（一体），那么还能有所言说吗？但既然已经称之为“一”，能无所言说吗？“一”和“言”就成为“二”，这个“二”与原来的“一”构成“三”。由此往后［的分裂增多］，即使计算的能手也算不清楚，更何况普通人呢！因此，从“无”（不能加以分别的道）发展到“有”就已经成为“三”，更何况从［世俗的］“有”发展到“有”！不应那样进行下去，只因循“是”就可以了。[1]

1　原文为：“既已为一矣，且得有言乎？既已谓之一矣，且得无言乎？一与言为二，二与一为三。自此以往，巧历不能得，而况其凡乎！故自无适有，以至于三，而况自有适有乎！无适焉，因是已。”（《庄子·齐物论》）

上述思想是依据《老子》四十二章“道生一，一生二，二生三，三生万物”，同时，又将其宇宙生成论向认识论方向转变。庄子认为，对于事物的发展，人无论怎样使思考精密化并试图进行计算，都不能完全计算清楚。因此，不再计算而因循“是”——委身天地自然之道即可。

庄子思想的根本是复归于“一”。用语言表达时，就不得不说“一”，但“一”本质上是超越语言、超越自我意识，完全与天地自然之道一体的，是远远超越于世俗事物之上的。南郭子綦所谓“吾丧我”正是这种境界。

“八德”的出现

最后，庄子对何以产生是非争论做了讨论。按照三世纪注家崔譔的说法，这一部分文字原本属于外篇，也就是说，《齐物论》篇论说的内容在上一段已经结束。但在今本《庄子》中，论说部分是包括这段文字的。我们既然是循着《齐物论》文脉的展开阅读下来，此部分文字也简略地看一看吧。

> 道本来没有所谓“封”（区隔），言本来没有所谓“常”（定说），是因为某种缘故，而出现了“畛”（分

别）。让我来说说这个“畛”：有左有右，有伦有义，有分有辩，有竞有争，这称为八德。[1]

此处“道”和“言”并列而论，与前文论述“小成”和“荣华”之处相同。前文总结说，“言隐藏于荣华”，就会产生是非的争论，所以不如立于“明”的立场。与此相对，这里可以看作是对是非争论产生的过程进行了论述。

“常”是指普遍的言说，“畛”即“畦”，与“封”同义。原文说，是因为给道加上封域，使言固常化，才形成了畛域。

畛域形成后的结果，就是产生出“左”和“右”、“伦”和“义”、“分”和“辩”、“竞”和“争”等等。有的版本“伦义”作“论议”。“伦”和“义”是指次序和等级，“义”是对“伦”的进一步细分；“论”和“议”分别指谈论和议论。两种解释似皆可通。“分”和“辩”分别指区分和辩别，“辩”是比“分”更细微的区别，价值判断的意味更强。“竞”和“争”分别指竞争和斗争。

1　原文为：“夫道未始有封，言未始有常，为是而有畛也。请言其畛：有左有右，有伦有义，有分有辩，有竞有争，此之谓八德。”（《庄子·齐物论》）

“八德”并不是什么好事情。“德”与“得”同，意思是“道”附加人为因素而得到的东西。那么，应当如何看待“八德”？对此，庄子通过圣人与众人的对比加以论述，这也是与前文论调的不同之处。

圣人与众人的不同

对于六合之外，圣人只是任其存在而不谈论；对于六合之内，圣人虽然谈论但不议论。《春秋》是古代先王治世的记录，圣人对此有所议论但不分辩。因此，区分就是有不区分；辩别就是有不辩别。这是什么意思？圣人胸怀一切，众人对一切都加以辩别而相互炫示。所以说“辩别就是有所不见”。[1]

“六合”是上下和四方，也就是指这个世界。对于此世界

---

1 原文为：“六合之外，圣人存而不论；六合之内，圣人论而不议。《春秋》经世先王之志，圣人议而不辩。故分也者，有不分也；辩也者，有不辩也。曰，何也？圣人怀之，众人辩之以相示也。故曰，辩也者，有不见也。”（《庄子·齐物论》）

之外，圣人不做否定，但也不予谈论；对于世界之内，圣人有所谈论，但不议论。上面提到的认为“伦义”当为“论议”的说法，其根据之一，就是此处有这样的表述。《春秋》一般是指鲁国编年史，是“春秋时代”这一表述的依据，但这里似乎不应局限于此，而宜将其看作各诸侯国的记载。对此，圣人有所议论，但不辩别是非。

“区分就是有不区分”（分也者，有不分也）句，是将“分”和“辩”结合起来讲，意为如果纠缠于价值判断，那就只能看到“道”的一个片面。“辩别就是有所不见”（辩也者，有不见也）也是同样的意思，即眩惑于是非的辩论，只看到对自己有利的，目光将变得狭隘。

“大道不称，大辩不言”

接下来，原文提出了五个反论式的格言，但在内容上与上文的连续性不强，而且，与其说是庄子式的，不如说是老子的风格。下面作为格言的知识略述之：

> 夫大道不称，大辩不言，大仁不仁，大廉不嗛，大勇不忮。道昭而不道，言辩而不及，仁常而不成，廉清

而不信，勇忮而不成。五者园而几向方矣。

“称”是主张、命名之意。“廉”是无欲而清高之意，“嗛”与“谦”同，意为谦逊。“忮”为伤害、损坏之意。“园”与“圆”同。“方”是方形的方，指有棱角之物。

这一段前半部分的大致意思是：伟大的道不可命名，伟大的雄辩不用语言，伟大的仁无所亲爱，伟大的廉洁不加谦逊，伟大的勇气不会伤人。后半部分是对前半部分的解释：道如果清楚地表述，就不是道了；言如果滔滔不绝地谈说，就会有缺失（有人认为“言”“辩”二字顺序颠倒，这是正确的，不过文意差别不大）；仁如果固定地施于同一部分人，就不能成立；廉如果过度追求洁净，就不真实；勇如果伤害他人，就不能成立。

这五项德目，本来是圆满、圆通的，如果称呼命名道、用言说来辩论等等，就会变得有棱角，这是此段的结论。从对道和言不加细微的区隔这一点来看，这一结论与前面的讨论并非没有共通之处。

“注焉而不满，酌焉而不竭”

五句格言之后，原文最后做出如下总结：

因而，知识停止于他所不知道的地方，是至高至极的。谁真正懂得不言说的辩论、不称说的道（不言之辩，不道之道）呢？如果有人知道，就称他为天府。无论注入多少都不满溢，无论取出多少都不枯竭，而且不知道他何以如此，这叫做葆光。[1]

“天府”意为天地自然的蕴藏，此处指人而言，一般用于指场所。所谓的天府之国，是指土地肥沃、物产丰富的地区，具体来说就是四川地区。“葆光”是把光包藏隐蔽起来的意思，也就是不让智慧的光耀表现于外，这一点也是前面的论述中没有出现过的思想。

这里的重点在“不言之辩”“不道之道”，《齐物论》的议论是以“道”和“言”为中心的，故将此段看作结论也是合理的。但是，文中与“道”并列的不是“言”而是“辩”这一点，还是让人怀疑这段文字可能是后来增入的。

《逍遥游》篇的论说是将一般性的道家话语或与之近似的

1 原文为：“故知止其所不知，至矣。孰知不言之辩，不道之道？若有能知，此之谓天府。注焉而不满，酌焉而不竭，而不知其所由来，此之谓葆光。”

语句归纳而来的，这里似乎也是如此，这一段也许是郭象之前的某位《庄子》编辑者将一般性的道家话语概括起来的产物。篇中那些反论式的格言，在编成于西汉时期的《淮南子》的《诠言训》中亦能见到，而“不言之辩”“不道之道”“天府”“葆光”（《淮南子》作“瑶光”）等语，在该书《本经训》中也有类似的表述。

《齐物论》的长篇论述由此句得到总结，后面接着是长短不一的五则故事，这些故事中有些也十分有趣，但本书就只讨论议论的这部分，以此来结束《齐物论》的漫长之旅吧。

那么，人如何与道为一？如何投身于道？从下一章开始，来讨论体道的具体状态。

道的体悟

——技艺高超者的世界

1. 精于技而达于道

精通“某道”

庄子的理想生活大概是悠然地游于无何有之乡，这对世俗生活没有任何帮助，但对庄子来说，这才是符合天地自然的生存方式。而天地自然也有四季更迭等法则，故符合天地自然的生存方式也就是遵循自然法则的生存方式，即“因自然”的生存方式。

人在生活的同时，也习得某种技艺，从初学者的阶段开始，技术逐渐精进，达到“某道”顶点的人也被称为名家、高手。他们精通“某道”，完全掌握“某道”，而体悟“某道”中蕴含的道理，在这一点上，是与依循天地自然法则的生活方式有相通之处的。这样，“某道”的“道”又与“天”、“造物者”、“造化”等意义上的“道”是相通的。

由于这个缘故，即便庄子本人并未精于某种技艺，《庄子》书中却常常讲述精通“某道”而与自然法则合一的人物。说“游于无何有之乡”，并非就是选择荒唐无稽的生活方式的意思，而是有着彻底掌握一切事物而达到“无为”这样一种思想上的依据的。

庖丁的绝技

内篇的《养生主》中描写了一位宰牛烹饪的手艺人，称为庖丁。“庖”是厨师，“庖丁”就是厨师丁师傅的意思，这与木工师傅名石称“匠石”、做车轮的人名扁称“轮扁”属同例，是在姓名前缀上工种名称的称谓。厨房用的菜刀这个词，日语现在写作“包丁（ほうちょう）”，原来写作“庖丁（ほうちょう）”，此名称无疑是以《庄子》的这个故事为根据的。

有一次，庖丁为魏惠王宰牛。他手触、肩靠、腿蹬、膝顶之间，牛的皮肉哗啦哗啦地分离，牛刀在牛体中运行，带着令人心情爽快的沙沙声，这声响如同动听的音乐一般是有韵律的。看到这一情景，魏惠王钦佩之极，他说：“啊呀，真是精彩！真有这样卓越的技艺啊！”于是，庖丁放下牛刀，说了下面一番话。这是一段相当著名的文章，所以，虽然有些繁琐，还是以训读的方式来解释一下：

> 臣之所好者道也，进乎技矣。始臣之解牛之时，所见无非牛者。三年之后，未尝见全牛也。方今之时，臣以神（精神）遇（应对）而不以目视，官知（来自感觉器官的知识）止而神欲行。依乎天理，批大郤（大的间隙），导大窾（大的空洞），因其固然（自然的构造），技经（支脉和经脉）肯綮（骨肉结合处）之未尝，而况大軱（大的骨头）乎！

庖丁说，自己所喜好的，也就是所追求的，是比“技”更卓越的“道”。刚开始从事宰牛的时候，只看到牛，被牛这个对象所压倒。但是，经过三年后，就“未尝见全牛”，对牛的整体意识消失了，只看到应该挥动牛刀的地方。“方今”是现在的意思，是说现在是“以神遇而不以目视”，此句与“官知止而神欲行”意思相同，是这则故事的要点。

不是通过眼睛这一感觉器官进行判断，即不用“官知”，而是通过精神的作用，亦即通过“神欲”来运刀。这个活动过程，说它是无意识的亦无不可。弹奏钢琴时，初学者是一边眼睛看着键盘一边动手指弹奏的，而高手则是闭着眼睛也可以弹奏。练习书法时，看着字帖就不能随心所欲地写字。烹饪时，如果学会了要领，不用计量也能自如地操作。庖丁的技术亦属此类，既然说是“依乎天理”，那么其所遵循的就与天地自然的法则相通。庖丁依从牛体内在的自然构造，也就是说，是在完全与牛体合一的情况下运刀的。

“大郤”是大的空隙，“批”是劈开。这是认识到，牛的皮和肉、肉和骨等异质的东西之间是有着空隙的。“大窾”是大的空洞，此处可解释为骨节的缝隙。牛体当然不是没有缝隙的一整块骨头，而是由许多骨节构成的，因此，其连接处自然是有空隙的，这一认识也是上述讨论的前提。

原文说，庖丁依从牛体的自然结构，在“技经肯綮”处也“未尝”，此处文义难以理解。有解释说，“技”为“枝”之误，意为“支”，“支经”就是支脉和经脉，也就是经络。“肯”是附着在骨头上的肉，“綮”是相合紧闭之处，“肯綮”指骨头与筋肉交错结合的部分。“肯綮”一词即出典于此，意指事物的要害、关键处，成语“切中肯綮”则表示准确地击中要害的意思，日语中现在几乎已不再使用了。

“未尝”一词，不知何所指？由于表述不完整，有人根据古代注释在后面补上“微碍”（微小的障碍）二字。增加此二字后意义明确，此句即表达即使在骨头与筋肉交错结合的复杂部位也“未尝微碍”，可以自如地运刀而没有丝毫妨碍。“大軱”是大的骨头，既然在细微复杂的地方都能自如运刀，容易辨识的大骨部位就更是不在话下了。

十九年刀刃不卷

庖丁所用的牛刀是不是有什么秘密呢？庖丁继续说：

> 良庖岁更刀，割也；族庖月更刀，折也。今臣之刀十九年矣，所解数千牛矣，而刀刃若新发于硎。彼节者有间，而刀刃者无厚，以无厚入有间，恢恢乎（宽阔地）其于游刃必有余地矣。是以十九年而刀刃若新发于硎。

技术高一些的厨师每年换一次牛刀，因为他未能像庖丁那样按照牛体的自然条理运刀，而是用刀割断筋肉。“族庖”，即普通的厨师，一个月的时间刀就不能用了，那是因为他用刀去砍断牛骨。关于“折”，有一种解释说是折断牛刀的意思，但这里的刀不是杀鸡用的刀，不至于如此不结实，而且即便是古代，牛刀也不会那么容易折断吧。“割”是就牛体而言的，所以“折”也应当理解为牛体的状态，这一解释应该是正确的。

庖丁的牛刀，历经十九年，宰割数千头牛，却还跟刚磨出来的一样锋利。由此，文章就展开了庄子式的说理，认为骨节中必定有间隙。的确，骨节若没有间隙，人体就不可能活动了。前面还说过，骨和肉这种异质的东西之间也是有空隙的。而另一方面，牛刀的刀刃没有厚度。磨得锋利的刀刃，如果还有厚度就不算磨好，照此道理，这就如同线段没有宽度。因此，让无厚度的东西运行于有空隙的地方，那个空隙再小，从零的角度来看也是无限大，故而能从容地挥动牛刀，这真是给出了如数学一般具有逻辑性的回答。秘密不在于庖丁的牛刀，而正在于这个逻辑之中。

“恢恢乎”是宽绰的样子，与《老子》七十三章的名句“天网恢恢，疏而不失”的“恢恢”意思相同。

达成目标的满足感

至此，都是在讲道理，甚至有近于诡辩的感觉。但是庖丁接着又说了一番话，给人一种果然如此的亲临现场之感：

> 虽然，每至于族，吾见其难为，怵然（恐惧的样子）为戒，视为止，行为迟，动刀甚微。謋然（肉从骨头上剥离的声音）已解，如土委（掉落）地。提刀而立，为

之四顾，为之踌躇满志，善刀而藏之。

庖丁说，运刀过程中，碰到“族”的地方就紧张起来。“族”与“簇”同，是指骨头和筋肉错综会聚之处，在这种部位，视力凝聚，缓缓地动手，细心谨慎地运刀。虽说是视力凝聚，但由于“以神遇而不以目视”，所以这里的“视”应该是“以神”视。一切杂念都消失，专心于“族”，而与造化的运行为一。于是，随着咔嚓一声肉从骨头上脱落，就像土块掉落在地面上那样自然，全然没有用刀的痕迹。这就是庖丁所通达的“道”。

庖丁最后说，宰牛结束后，提刀起身，环顾四周，悠然自得而感到满足，擦拭牛刀并收入刀鞘中。“四顾”是从“视为止”的紧张状态中放松，“踌躇”是宰牛完成后的余韵，“满志”则是指在由紧张到松弛的心情安定过程中满足感不断提升，“善”是“拭”的意思。

通达道而养生

听了庖丁的话，魏惠王说：“好啊！我听闻庖丁所言，领悟了养生的道理！”对话到此结束。“养生”不是对患病之身加以保养的意思，而是关乎如何生活下去这一人生根本问题的，它体现出庄子所思考的真正的生存方式。

当然，这则故事中存在着逻辑的诡辩，“大郤”“大窾”也是观念上的东西，无论技艺何等高超，宰牛时刀都会沾上脂肪而变钝，仅仅擦拭一下并不能保持刀的锋利，必须经常磨砺才行。牛刀不断磨损，是不能保证十九年不变的。但是，庖丁的故事具有让人忽略这些具体问题而觉得确实如此的说服力，它能让我们信服：符合自然就是这样。

此处的郭象注说：“以刀可养，故知生亦可养（由牛刀能够耐久，可知生命也能够养护）。”庖丁并非是以刀的耐久为目的的，刀之能耐久是技艺精通后的结果，而“技”的背后是“道”，如果认为领悟此道去生活才是养生，那么我们的生命的确也是通达道而后可长保。对庖丁来说，“道”就是牛体的自然，“技”就是符合这个自然。如果把我们的存在看作自然，那么对我们来说，怎样与这个自然相合就是养生的技艺了。

2. 掌握极致之技

捕蝉高手

像庖丁这样超越技艺而通达于道的人生达者的故事，外篇的《达生》中有很多。从各方面来看，《达生》篇中的这些故事大概是很晚成篇的，它们似乎是庄子思想的具体化。所谓“达生”，是实在地通达“生”之真实的意思。下面我们就阅读其中的几则，首先来看看孔子遇到的捕蝉高手。

这是孔子游历楚国时的一个故事。孔子步行于林中，遇上一位佝偻的老人在捕蝉。楚国是当时的大国，位于庄子母国宋国的南方，孔子晚年游走列国十几年，其间曾去过楚国。不过，这里的孔子是《庄子》中的虚构人物。“佝偻”，用老话来说就是“背虫”，因为人们认为佝偻病是背部进了虫子引起的，所以这样称呼。

只见佝偻老人捕蝉轻而易举，就像捡起地上的东西一样。

孔子非常佩服，就问：“真是高超啊！有什么窍门吗？”佝偻老人回答道：

> 当然有窍门。到了五月六月捕蝉的季节，［在捕蝉用的竿子的前端］叠摞两颗［粘虫胶揉成团制作的］圆珠，反复练习，使其不掉落。这样，蝉逃走的可能性就很小（锱铢）；如果叠摞三颗而不掉落，那么蝉逃走的可能性只有十分之一；如果叠摞五颗而不掉落，那就如同地上捡东西一样容易了。我身体的姿势就像树桩子（厥株拘）立在那里一样一动不动，我臂膀的活动就像枯树（槁木）的枝条一样静止。天地虽大，万物虽多，我头脑中却只有蝉翼。我不转动身体（不反不侧），注意力绝不会从蝉翼转向其他东西，这样的话，怎么会做不到呢！[1]

“五六月”当然是指阴历，此时正是捕蝉的季节。“铢”

1　原文为：“我有道也。五六月累丸二而不坠，则失者锱铢；累三而不坠，则失者十一；累五而不坠，犹掇之也。吾处身也，若厥株拘；吾执臂也，若槁木之枝。虽天地之大，万物之多，而唯蜩翼之知。吾不反不侧，不以万物易蜩之翼，何为而不得！”（《庄子·达生》）

是一百粒黍的重量，“锱”是其六倍[1]，两者都是很轻的分量，因此“锱铢”有“少”的意思。“厥”是桩子，“拘”为“枸”之误，“株枸”即树木折断后留下的残株。“反侧”是身体翻转、侧卧，后亦有翻身的意思。“辗转反侧”就是不能入睡，躺在床上翻来覆去。这里说不“反侧”，是对“厥株枸”和“槁木”状态的再一次描述。

精神专注则有神通

仅是为了捕蝉，就进行高度的训练，这种精神的专注是惊人的。如果掌握了这样的技术，而使身体无异于树桩和枯枝，蝉的确是无法逃脱的。如此花大力气捕蝉是为了什么呢？并不是给孩子们当玩具的，而是为了食用。

蝉在古时是作食用和药用的。据《礼记》的《内则》篇记载，国君宴会的食品中就有“范”（蜂蛹）和“蜩”（蝉）。在遥远的古代，食用这种东西似乎是很平常的。此后，中原地区的人逐渐不再食用了，而长江以南地区的人仍然食用。

---

1 “汉代以一百黍的重量为一铢。”“六铢为一锱。”见《辞海》（语词分册）下，上海人民出版社，1977 年，第 1826、1840 页。

佝偻老人是楚人，在中原地区看来楚是南方之国。在《庄子》成书的时代，楚国依然有食用蝉的习惯。

在药用方面，被认为是总结西汉末年以前药学知识的《神农本草经》中记载有“柞蝉”，是治疗小儿痉挛和夜哭的药物，“柞”是哭声很大的意思。六世纪梁朝的陶弘景注解说：“古人食用此物。”陶弘景还汇集众说撰成《名医别录》，书中将“柞蝉”列为治疗妇女难产而胎盘不出、不能出乳或堕胎、心悸的药，并说：“五月捕捉，蒸后干燥，使其不生虫。”[1]

佝偻老人是如何吃掉蝉的，我们不得而知，不过，中国人开玩笑相互调侃说，天上飞的除了飞机，四条腿的除了椅子，皆可食用，这种大肚汉的样子对日本人来说简直不可思议，但看来在中国自古就是如此啊。

听了佝偻老人的话，孔子对弟子们说：“用志不分，乃凝于神，其痀偻丈人之谓乎！”意思是：如果不分散注意力，就能像神一样地活动，说的就是佝偻老人吧。“用志不分，乃凝于神”，是当时的格言或伪装成格言的词句。“乃”即“则”，

1 《名医别录・中品卷第二・蚱蝉》：“味甘，无毒。主治惊悸，妇人乳难，胞衣不出，又堕胎。五月采，蒸干之，勿令蠹。”

并包含惊叹的意味，相当于“哎呀”。

“凝于神”，也可以读为“凝神”，有解释说，是使精神凝聚之意。但也有一说，以“凝”为“疑”之误而读为“疑于神”，释为“犹如神一般的”之意。这个解释比较容易理解，故从此说。

在《庄子》中，精通技艺的高手和体道者，时常被描写为奇形怪状之人，这大概有对易于为外貌所拘限的人心进行启蒙的用意，同时，也有卓越之人的形貌异于常人的观念。对奇形异貌者的敬畏观念，中国自古以来就是承认的。另外，人因形体奇异而被世俗排斥，但反而因此得以从世俗价值观的束缚中摆脱，也是可能的。《庄子》中对畸形人的描写，弄不好会被误认为是满篇歧视性话语，我们读了这些描写后，之所以会体味到一种解脱感，是因为这些畸形人都豁达地、从容地享受着逍遥之游。

在激流中游泳的高手

孔子还在另一则故事中出场。有一次，孔子带着弟子来到一条名为吕梁的河边，具体地点不详。这里有五十多米高的瀑布，冲击着岩石的激流延续二十公里，因此是非常险峻的地方。由于水流过于湍急，连鱼和龟都不能游过。但就是在这个地方，孔子眼见一个男子正在水中游泳。

孔子以为这个人有难言之苦而欲一死了之，就让弟子追上去救他。但是，此人顺流而下，游数百米后上了岸，披散着头发，一路吟唱，在河堤附近信步而行。于是，孔子问他：

> 吾以子（你）为鬼，察子则人也。请问，蹈水有道乎？

孔子说："开始我还以为你是鬼，仔细一看，原来是人。""鬼"是死去的人，按照日本的说法，就是幽灵。孔子想，这一定是人变成幽灵从水里出来了。"察"是观察的察，是仔细看的意思。"水"是河流。"蹈"，在此处无疑是游水的意思。孔子问，有什么游泳的秘诀吗？此人回答道：

> 亡，吾无道。吾始乎故（从来的习惯），长乎性，成乎命（命运）。与齐（漩涡）俱入，与汩（波浪）偕出，从水之道而不为私焉。此吾所以蹈之也。

他说，并没有什么游泳的秘诀。"齐"指某物的中心，此处是指漩涡的中心，还有人对此加以解释说，腹部的中心是脐（肚脐）。“汩”是从深处涌上来的水。“齐”把人吸入水中，“汩”则使人浮上来，随着水的这种运动，游水者时而下沉、时而上浮。所谓“从水之道而不为私”，就是完全顺任水的流动，毫无自己恣意的动作。男子说，游水的秘诀没有，但水之道是有的，这是他能在此游泳的原因。但是，对他所讲的“始乎故，长乎性，成乎命”，孔子还是不明白，于是询问其中的道理，男子解释说：

> 吾生于陵（丘陵）而安于陵，故也；长于水而安于水，性也；不知吾所以然而然，命也。

“陵”是丘陵地带，指吕梁河流经的地区。“故”的意思是一直亲近，即生长于此丘陵地带，完全融入了这片土地。“长于水”，意为在与河流的亲近中成长。“性”是说与河流的亲近成为习性。“长乎性”，就是把在河中游泳看作天性，这样成长起来。“不知所以然而然”，是说不知道为什么如此而如此，因而说这就是“命”。“成乎命”，无疑是说现在的自我是依照“命”形成的。

游水高手说他没有窍门，显示了他与庖丁和捕蝉老人的不同，不过，所谓“不知所以然而然”，就是在无意识中完全与水之道（特性）融为一体，从而穷究水之道。

“操舟若神”

再来看一则与水有关的孔子故事，这次是和弟子颜回的对话。有一次，颜回对孔子说：

> 吾尝济乎觞深之渊，津人操舟若神。吾问焉，曰：“操舟可学邪?”［津人］曰：“可。善游者数能。若乃夫没人，则未尝见舟而便操之也。”

颜回说他“曾经渡过觞深之渊”，“觞深”是宋国的一个渊池的名字，因为渊底像觞的形状而得名，此渊是行船的险关。“渊”是积水很深的地方。

渡口的船夫操纵船只非常高明，就像是出于神灵之手。“津”是渡口，“津人”是摆渡船的船夫。颜回于是问他：“操纵船只的方法能学习吗?”船夫回答说：“能学。游泳技术好的人很快就能熟练掌握。如果是潜水高手的话，即便没见过船也能立刻掌握。”

“游”是游泳的意思。有解释说，“数”与“速”通，日语读音也都是ソク（或サク）。“没人”是以潜水为职业的人，在日本就是海中潜水的“海人”“海女”，这里当然是指河中的潜水者。“若乃”是两字组成的词，意思是“至于……”、“对于……而言”。“便”，意为“则”，是表示事情顺利进展意义上的“轻易”之意。

但是，当颜回询问其中原因时，却没有得到船夫的回应。于是颜回向孔子请教船夫所言的意义，孔子这样回答：

> 善游者数能，忘水也。若乃夫没人之未尝见舟而便操之也，彼视渊若陵，视舟之覆犹其车却也。覆却万方陈乎前（即使在眼前不断发生）而不得入其舍（心），恶往而不暇（从容）！

孔子解释说，擅长游泳的人之所以马上就能操纵船只，是因为他的心没有被水所限制。潜水高手之所以没有见过船也能自如地操纵，是因为他把渊水只当作山丘，把船的倾覆仅视为车的倒退。即使船只在眼前倾覆，也不能使他介怀，就是说不能扰乱其心，因此在任何情况下都能从容。

“忘水”就是心不被水所拘限。因为是“视渊池如山丘”，所以“车却”之说是表现翻船如同车从坡上滑下来一样不足为惧。“万方”是万端的意思。

潜水人不用学习马上就能很好地驾驭船只，与吕梁男子在激流中游水，其中的道理是相同的。与其说是单纯地忘记水，不如说是与水成为一体。同时，当然也不是轻视水。

赌博的心理

孔子用明白易晓的比喻总结了这种心智活动与技术的关系：

> 以瓦注（赌）者巧，以钩（腰带扣）注者惮，以黄金注者殙。其巧（巧妙）一也，而有所矜（吝惜），则重外也。凡外重者内拙。

“注”的原意是灌水，此处与“鉒”同，是赌博的意思，大概是向某一区域投入（即注入）物品而相互比赛的一种竞技，具体过程不太清楚。“钩”是腰带扣，是贵重的物品，不能像瓦片一样轻易地用来下赌注。“惮”是害怕的意思。请别人毫无顾虑地提出意见而无需忌讳担忧时，会这样表达：“请毫无忌惮地提意见。”但这种表达方式已经不常用了。黄金是最昂贵的物品，以此为赌注，心里就会“迷惑”。“殙”是指内心迷惑，变得混乱而不得要领。

投注的技巧是相同的，如果心存吝惜之念，就会受这种念头的制约而不能正确地投注。“内”和“外”是指内心和外物的对立，“外重”就是执着于外物，这样心就变得“拙”，心笨拙了，其功能就会变得粗劣。此处成玄英疏曰：“岂唯在射（赌注），万事亦然。”确实如此，为贪欲所纠缠，判断就会出错，这是我们在日常生活中经常体验或耳闻目睹的事情。

这则关于赌博的故事，自古以“瓦注”之名为人所知。如果身怀绝技且将瓦片和黄金视为等同，就能赢得赌博，但这显然不是在讲赌博获胜的技巧，而是强调心态比外物更重要，是在讲对极致之技的掌握，比如心若能与水的法则合一，就能在水中自由自在。

“望之似木鸡”

与“瓦注”齐名的是“木鸡”的故事。

纪渻子为王养斗鸡。十日而问：“鸡已乎？”曰：“未也。方虚憍（骄）而恃气。”十日又问，曰：“未也。犹应向景。”十日又问，曰：“未也。犹疾视而盛气。”十日又问，曰：“几矣。鸡虽有鸣者，已无变矣，望之似木鸡矣，其德全矣，异鸡无敢应者，反走矣。”

纪渻子是一位养鸡专家，他养的不是普通的鸡，而是斗鸡。春秋战国时期，斗鸡似乎相当流行，为了进行斗鸡赌博，有权势者招聘养鸡专家来培养强壮的斗鸡。关于“王”，有说是齐王的，有说是周王的，这无关紧要。

纪渻子为王养斗鸡，过了十天，王问：“斗鸡养好了吗？”“已”是完成的意思。纪渻子回答：“还没有养好。”“虚憍（骄）”是高高地抬着头而骄傲的样子，“恃气”是逞强。此句是说，鸡仍然完全处于骄傲逞强的状态。过了十天，王又询问。纪渻子回答：“不行。因为出现什么声响或影像时，它立刻会有反应。”“向”与“响”同，“景”与“影”同。这是说，鸡从完全虚骄的状态变为只对声和像有反应。

又过了十天，王再次询问。纪渻子回答说：“不行。因为其他鸡接近时，它还是会目光锐利而表现出勇猛逞强之气。”“疾视”是敏捷地注视的样子，“盛气”是情绪激昂、争强好胜。而至此，这只鸡只对其他鸡做出反应。此后又过了十天，王又一次询问养鸡的情况。纪渻子回答："这次可以了。"按注解，"几"一般是"几乎"的意思，这里意为"尽"。

对于这只鸡此时的状态，纪渻子解释说，不管其他鸡怎么叫，这只鸡全然不为所动。从远处看，它简直就像是一只木头做的鸡即木鸡。鸡的"德"，即它天赋的本性，得到了完全的体现，其他鸡根本不是对手，一见到它就转身逃跑了。

其他鸡见了它都逃掉，就是天下无敌了。而这则故事的精髓在于，最终让它不争斗而取得胜利。这只鸡在接受了彻底的争斗训练之后，最终超越了争斗。这是典型的庄子式故事，这种构想在欧美文化中是难以产生的。但是，与"瓦注"的故事一样，与其说是寻求战胜的方法，不如说是论述了心不为外物所动就能像天地自然之道那样生活，亦即让其"德"变得整全。

瓦注与木鸡

也有将瓦注和木鸡相提并论的。唐代的白居易参加礼部考试时如此作答："做事情有时躁动会失败，安静会成功，所以木鸡胜出。赌博时，押注价值高会失败，押注价值低会成功，所以瓦注高明。”[1]

在日本，双叶山[2]的木鸡故事很有名。据说，双叶山的连胜被安艺海[3]阻止而止步于69胜之后，他给友人发电报说："我还未能成为木鸡。”可见以往的力士是有修养的。双叶山应该没有读过《庄子》，木鸡的事当是别人告诉他的，69连胜是空前绝后的成就自不待言，比赛失利后说出这样的名言，不禁让人钦佩其不愧是大横纲。

《庄子》是在斗鸡这样的竞技或游水、捕蝉这样的技艺中追求着“道”，而在对“道”的追求上，日本更加兴盛。柔道、剑道、茶道、书道、花道、歌道、香道以及相扑道等等，竟然还有色道。这种对“道”的追求体现了日本人的认真，同时，就像双叶山的故事所显示的，这种求道的心境一定程度上是受到了《庄子》思想影响的。

但是，一般来说，日本的各种“道”并非与《庄子》的“道”直接关联。《庄子》的求“道”方式，不是试图将方法

---

1 引文见白居易《礼部试策》之三，原文为：“事有躁而失，静而得者，故木鸡胜焉。有贵而失，贱而得者，故瓦注巧焉。”

2 双叶山，即双叶山定次（1912—1968），日本相扑选手，第35任横纲，曾创下69连胜的纪录。

3 安艺海，即安艺海节男（1914—1979），日本相扑选手，第37任横纲。

系统化、制定规范并使人组织化的东西。《达生》篇开始的部分有“与天为一”的说法，一旦达到了作为技术之极致的“道”，就能与造化为一体。因循自然法则的人只会通达各种技术，而不会去追求世俗的种种“道”。

3. 成为高手的条件

制作的技术

上面都是关于使用物和身体技术的故事，接下来看看关于制作物的技术的故事。鲁国的梓庆是制作鐻的匠人，“梓”是指称为梓人的官职，其工作是制作悬挂钟鼓等乐器的基座，“庆”是名字，“梓庆”就是梓人庆师傅的意思，与“庖丁”的称谓方式相同。“鐻”就是刨削木头作成的那个基座。

梓庆制作的鐻极为精巧，看到它的人都非常震惊，以为是出自鬼神之手。鲁国国君也问梓庆：“你用什么技术制作了此鐻?”梓庆答道：“我只是个匠人，哪里有什么技术！不过，一定要说的话，有这么一条。”接着说了下面的话：

臣将为鐻，未尝敢以耗气也。必齐（斋，斋戒）以静心。齐三日，而不敢怀庆赏爵禄；齐五日，不敢怀非誉巧拙；齐七日，辄然忘吾有四枝（四肢）形体（身体）也。

这是说，“我准备制作鐻的时候，绝不会做消耗气的事情，一定要斋戒而使心灵宁静”。“耗”是减损的意思，“齐”是斋戒洁身，即不饮食酒肉及气味强烈的东西，并节制行为而使身心清洁。斋戒三天，就忘记了“庆赏”和“爵禄”。“庆赏”是褒奖，“爵禄”是爵位俸禄。斋戒五天，就没有“非誉巧拙”之念了。“非誉”指毁谤和赞扬，“巧拙”指做事结果的出色和拙劣。

斋戒七天后，甚至忘记了自己有手、脚和身体，领悟了四肢身体对心来说是外物。“辄然”被解释为如枯树一般静止不动的样子。忘却世俗之事乃至自己的身体，且忘得干干净净，只剩下虚灵之心，此心也是安详而丝毫不动的，就是说，进入彻底的身心脱落状态。这样，就达到“无公朝，其巧专而外骨消”的境界。“公朝”指鲁公的朝廷，也就是官府，就连这是为鲁国官府做的工作的意识也消失了。“其巧专”，意思是心中只有“巧”（制作鐻的技巧），心灵完全进入一种运用技巧的状态。“外骨”的“骨”当为“滑”，是乱的意思，前文有“滑疑之耀”句。“外骨消”，是说心丝毫不会为外物所扰乱。那么，接下来做什么呢？

> 然后入山林，观天性形躯至矣，然后成见鐻，然后加手焉，不然则已。则以天合天，器之所以疑神者，其由[1]是与！

心灵彻底习得技巧之后，梓庆才进入山林。从“观天性”到“成见鐻”一句颇为难读，有包括与断句问题有关的各种注解。笔者这样断句并解释：“天性形躯至矣”，是说树木本来的状态（天性）就与钟座的形状吻合。“成见”，在这里不含批评性的意义，而是成形显现，也就是在心中描绘钟座形状的意思。在这个阶段，梓庆才对材料进行加工，否则是不动手的。

就如庖丁穷究牛体的生理、吕梁丈夫与激流合一那样，这时的梓庆完全化为钟座，从一切杂念中解脱出来，他的心灵处于天地自然也就是“天”的状态。所以，“以天合天”是指梓庆心灵的自然（天）与树木原始状态的自然（天）相符合。于是，梓庆总结说，钟座这一器具有鬼斧神工之妙的原因正在于此吧。

梓庆首先忘却了世俗的物欲，接着忘却了名誉，又进一

---

1 “由”字，郭庆藩《庄子集释》本无。王孝鱼校云：“《阙误》引江南古藏本其下有由字。”见郭庆藩撰、王孝鱼点校：《庄子集释》中，中华书局，2012年，第657、659页。

步忘却了自己的身体。于是，他的心灵与钟座合一，并寻找到与钟座相称的材料，因而展现了绝技。与其说追求技艺本身，不如说从物中获得彻底的自由、顺遂事物的法则才是对道的体悟，这是重点所在。

真正的画家

我们已经读了《达生》篇的几个故事。《田子方》篇中也有类似的故事，讨论心灵不驰散于外物是成为技艺高超者的条件。

本篇第三章末讲了一个宋元君请画工绘图的故事。可以推测，这是临时的安排，而非日常事务。所画的图也不是我们想象的绘画，而是描绘宋国山川地形的图，但它是一种图画无疑。

"众史皆至，受揖而立。""史"，成玄英说是指"画师"，但一般是指书记官，就是以笔为业的人。大概是书记官在全国传下告示，搜罗那些对自己的本领有自信的人才。一般来讲，专业的画工是不会有很多的。"揖"是国君对臣下跪拜的简单回礼，"立"是站在确定的位置。画工们都在各自的位置上"舐（舔）笔和（调和）墨"地做准备，因人数众多不能全都进入屋内，"在［屋］外者"竟有一半人。因为没有人数的限定，所以画工过多，以致屋内不能容纳，这是一种试图带给国君荣耀的竞演会的氛围。

但是，“有一史后至者”，他尽管迟到了，却“儃儃然不趋”，“儃儃然”是悠闲自在的样子，“趋”是小跑。他在“受揖”之后没有站在指定的位置，而是“因之舍”，“舍”指宿舍。岂有此理，竟然回自己宿舍了！

宋元君派人去察看情况，只见这位画工“解衣般礴蠃”，“般礴”是两腿伸开而坐，“蠃”即“裸”，画工脱去衣服袒胸赤膊，两腿伸开而坐。宋元君闻此，说：“可矣（好），是真画者也（这才是真正的画工）。”

故事中与众不同的画工虽未在人前显露才能，但从他最能专注于绘画的样子来看，他是有真本领的。至少可以确定，他作画的精神准备是真实的。

不过，细究起来，这位画工脱衣服或许只是因为怕热，这是一种任谁想模仿就能够模仿的行为，确实无法保证他的绘画作品是优秀的。那么，再来看看下一则故事又是如何描述的吧。

列子的射箭术

《田子方》篇中还有一则列御寇和伯昏无人的故事。列御寇就是列子，但这里仅是托名。伯昏无人在《庄子》中出现过两三次，也是虚构的人物。总之，这些都是寓言无疑。

有一次，列御寇为伯昏无人展示射箭，技艺非常高超。

> 引之盈贯，措杯水其肘上，发之，适（飞）矢复沓（续上），方（下一支）矢复寓（搭在弦上）。

列子把弓拉到了极限。“之”指弓弦，“盈”是满的意思，“贯”是镝，也就是箭头。“盈贯”是指拉满弓直至箭头的位置。列子在平直的左臂肘上放置了盛满水的杯子，用右手拉开弓弦。射出之时，飞出的箭接踵而至，而后面的箭又不断搭弓上弦。“适”意为往，“沓”意为重，这是说前箭才射出，后箭就像重叠着一样紧跟着射出。“方”意为“下次”，射出的箭是上一箭，准备射出的箭是下一箭。“寓”是“寄”，也就是箭被搭上弓弦。

这是令人目不暇接的神妙技法，列子一支接一支地射箭。左手丝毫不动，置于肘上的杯水当然也没有洒出。这种状态简直就如“象人”（人偶）一般。

不射之射

但是，伯昏无人是否被这种高超的技艺所折服了呢？并没有。伯昏无人对列子说：

> 是射之射，非不射之射也。尝与汝登高山，履危石（高耸的岩石），临百仞（七百尺）之渊，若能射乎？

意思是：你的技艺的确卓越，但这是为射而射，是为射中目标而进行的有心的射，而不是无心的不射之射。我们一起登上高山吧，攀上高耸的岩石，俯视二百米的深渊，试试看在那里你是否还能射得这么好。

伯昏无人说着便带列子去登山，他爬上高高耸立的岩石，走到二百米深渊的悬崖边，竟然背朝深渊向后退，脚跟超出岩石之外悬于空中。伯昏无人保持着这种姿态，对列子点头招手示意，让他近前来，但是列子此时已经害怕得匍匐在地，冷汗直流到脚跟。

于是，伯昏无人说：

夫至人者，上窥青天，下潜黄泉，挥斥八极（自由自在的样子），神气不变。今汝怵然（吓得发抖的样子）有恂目（目眩）之志（精神状态），尔于中（射中）也殆矣夫！

伯昏无人这番话的意思是，作为最高存在的至人，向上仰窥青天，向下深潜黄泉，自由自在地驰骋于世界的尽头而心灵不为之有任何改变，但是，现在你战战兢兢吓得发抖，眼前晕眩。这种情况下，你想射中是困难的。这确实是气势宏大的言说。

“黄泉”指土地的底层。“极”指世界的边界，古代中国有以东南西北四方及其中间的四隅为世界边际的宇宙观，这个边际叫作“八极”。“青天”与“黄泉”、“八极”等体现了当时的宇宙构想。“挥斥”意为随心所欲地游走驰骋。“神气”指心境，加上一个“神”字，以表现一种卓越的活动的意思。“怵然”是恐惧的样子，庖丁解牛故事中也出现过。“恂目”，意为因恐惧而目眩，这与其说是眼睛的活动，不如说是心灵的状态，所以才说“志”。“殆”与“危”同，是危险的意思。

这里表明，伯昏无人没有亲自射箭，却以不射箭而成为最高明的射手。对于能在整个宇宙中自由驰骋者来说，在悬崖危石上射箭之类的事情不过是雕虫小技而已。

中岛敦的《名人传》

中岛敦的《名人传》就是以《庄子》的上述故事为题材撰写的，具体描写了伯昏无人的射箭技艺。《名人传》是由该故事和《列子・汤问》中的一则故事组合而成，《列子・汤问》中记载了关于射箭高手甘蝇、其弟子飞卫以及飞卫的弟子纪昌的故事。

《汤问》篇的故事是这样的：纪昌拜飞卫为师，他学到了老师的所有技艺后，以为老师的存在是他成为天下第一高手的障碍。于是有一次，看到飞卫在旷野中行走，他就向老师射去一箭，飞卫觉察到有箭射来，就迎着来箭射出一箭，两人的箭在中途相撞并都落在地上。接着双方连续对射，也未分出胜负。于是二人都放下弓，含泪和解，发誓不再向他人传授射箭的秘术。

在《名人传》中，故事情节是这样：因为弟子再度生起恶念非常危险，飞卫便让纪昌到自己的老师甘蝇身边去了，由此下接伯昏无人和列子的故事。实际上，《列子・黄帝》中也载有与伯昏无人故事内容基本相同的文字，中岛敦是根据《列子》撰写了《名人传》吧。为了与《汤问》篇的故事相连续，就以甘蝇替代伯昏无人、纪昌替代列御寇。

那么，甘蝇老人救下在危石之上吓得发抖的纪昌后，就要明示射箭的奥义了，这是《名人传》的精华部分。

> 老人笑着伸出手将纪昌从悬崖上扶下来，自己登了上去，说："那就给你演示一下射箭吧。"此时的纪昌，恐惧的心情尚未平复，面色苍白，但立刻有所觉察地说："但是不用弓吗？弓在哪里？"原来老人是空着手的。"弓？"老人笑着说，"需要弓箭才能命中，依然是射之射。如果是不射之射，乌漆之弓和肃慎之箭就都不需要。"此时，正好有一只老鹰在他们上方的高空中悠然地盘旋着，甘蝇抬头望着空中只有芝麻粒大小的老鹰的身影，过了一会儿，终于将看不见的箭搭在无形的弓上，弓弦拉开如满月，嗖的一声把箭射出，看呀，老鹰翅膀都不拍一下像石头一样从空中落下。纪昌感到惊恐战栗，现在他才有了一窥技艺之深渊的体会。

用看不见的箭和无形的弓射落老鹰的描写，是以《汤问》篇的开头一句"甘蝇，古之善射者，彀弓（只是拉一下弓弦）

而兽伏鸟下（落下）”为依据的。这完全是小说化的描写，似乎让人想起山田风太郎忍法帖的世界。

中岛敦的《名人传》于 1988 年由川本喜八郎编剧并导演、上海美术电影制片厂制作拍成了动画片，片名是“不射之射”，解说是桥本功，是相当出色的作品。

什么是技艺的极致？

但是，如果将上述《名人传》中的精华部分也看作是庄子思想的形象化，就过度幻想了。对“上窥青天，下潜黄泉，挥斥八极，神气不变”的至人来说，用无形的弓射箭来向人炫耀是无意义的伎俩，根本上，至人是连射箭的必要都没有的。《名人传》的结局是，跟随甘蝇修习射箭的纪昌，返回故乡邯郸后四十年，到晚年竟然连弓箭这回事都彻底忘却了。应该说，这样才是对庄子思想的形象化。

在本章的开始，我们讨论了，庖丁解牛故事中庖丁依循牛体的自然之道，而把解牛技艺发挥到极致；捕蝉老人的身体进入与枯木树桩无异的状态，捕蝉犹如探囊取物；游泳高手完全依循水之道（性质）；没人（潜水者）完全顺从水的法则，而能自如地操纵船只；木鸡在为争斗而接受训练之后，似乎又超越了争斗；梓庆全然化为钟座，而发挥出绝技。

这些故事所表达的是，如果我们丝毫不为外物所动，就能如天地自然一般地生存。因此，所谓最高的技艺，一定是我们的心灵能够完全自由而不为外物牵累，能够自然而然，我们的活动与天地自然即“天”合一无间。

这个“天”也可以说是“道”。道就是天地自然的造化活动本身，至人的作为也无非就是造化的活动。内篇的《大宗师》将生存于方（世俗）之外（超越世俗而生存）的人描述为“方且与造物者为人（朋友）而游乎天地之一气”，这是伯昏无人所谓“上窥青天”云云的至人生存方式的另一种表述。穷尽这个道，根本上就是与造化合一。

庄子的生死观

——超越生死

1. 肯定性地思考“死”

有死的存在者

我们都是作为有死的存在者在世上享有此生。即便有何时、何地、如何死等区别，在最终都会死这一点上，古今东西，没有一个例外。每个人都是主角，不是配角，不是旁观者，这也是人类历史上之所以产生众多哲学和宗教的原因。

当然，庄子也对生死问题进行了种种思索。在这一点上，他与孔子有着显著的不同。当弟子子路询问生死问题时，孔子答以“未知生，焉知死”（《论语・先进》），而岔开了话题。孔子意在劝诫，比起死亡，现实社会的问题更应该关注，但是，他非常尊崇以丧葬礼仪和祖先祭祀为中心的礼制体系，反复向弟子们教授仪式的程序和内在精神，并没有忽略死的问题。只不过，死作为当时社会中的事件而被深刻地社会化了。

与此相对，庄子是把死作为死本身来思考的。正因为如此，庄子的思想具有穿越两千数百年时空而逼近生活于异域的现代人的力量。人虽是历史性的存在，但仅在生死这一点上，又是超历史的存在。我们之所以能从庄子思想中直接学到很多东西，是因为我们与庄子处在同一界域中。

上面已经对庄子及其思想做了各种考察，最后我们来看看，庄子关于死这个人生最重要问题的思考。

“寿则多辱”

近年来，由于人的寿命延长，死不再是本人的问题，而越来越多地变成周围人的重大问题，真是使“寿（长寿）则多辱”（《天地》篇）成为现实了。从死的当事者性这一点来说，死对周围人而言无论是多么重大的问题，都还是另一个问题。顺便提一下，“寿则多辱”一句，兼好法师[1]也在《徒然草》第七段引用过：“作为过客暂居于世上，等待老丑之年

1 兼好法师，指吉田兼好（1283—1350），日本南北朝时期的歌人和随笔作家。

的必然到来，到底所图为何呢？寿则多耻。”[1]这一段对《庄子》的引用很明显，不过，兼好是在寿命过长就会变得丑陋、羞耻心丧失而不成体统这个意义上引用的，他称这是“对人情物趣一无所知”。[2]“辱”和“耻”意思相同，耻辱一词就是两字合成的，但中文“耻”的原意是名誉受到损伤而感到羞耻，史载宋荣子倡导“见侮不耻”之说。[3]相对于“耻”，“辱”则属于身体性的，是受到身体上的损害而具有的屈辱感。兼好在多大程度上严格区分此二字，还不清楚，不过，他似乎通过将原文的“辱”读为“耻”，而把庄子思想勉强解释为日本式的“物哀”审美感。

秦失吊老聃

如果不能逃脱死，在身心两方面都与痛苦相伴的话，对

1 文东的中译为：“以过客之身，暂居于世上，等待老丑之年的必然到来，到底所图为何呢？庄子有云，寿则多辱。”见吉田兼好：《徒然草》，文东译，中国长安出版社，2009年，第9—10页。可参考。

2 “对人情物趣一无所知”，日语原文为“物のあはれも知らない”，中译采文东译文，见吉田兼好：《徒然草》，文东译，中国长安出版社，2009年，第10页。

3 关于文中宋荣子倡“见侮不耻”之说，《庄子·天下》《荀子·正论》《荀子·正名》《韩非子·显学》《尹文子·大道上》等古籍皆作“见侮不辱”。

此的超越也应该涉及身心两个方面。但是，为解决这个问题，在两千数百年前的条件下，从身体层面采取什么措施几乎不可能，而势必专门从精神层面来寻求超越。《庄子》中对完成超越后状态的描述很多，而关于庄子实际面临烦恼的叙述很少，但是，有许多小故事是围绕死展开的，由此，我们也可以看到庄子及其后继者对这一问题的关注之深。

那么，就来读几个故事吧。首先，内篇的《养生主》中有这样一则故事。

> 老聃去世了，秦失去吊唁，只是行了哭号三声的礼仪就出来了。于是弟子就问：“先生不是老聃的友人吗？”秦失答道：“是的。”弟子质问：“那么，这样吊唁可以吗？”于是秦失回答道：“是可以的。开始我一直以为他是老聃这个人（吾以为其人也），但现在我不这样认为了。[1]刚才我进去吊唁时，老人哭得像失去自己孩子一样，年轻人哭得像失去自己母亲一样。他们为老聃而聚集于

---

1 曹础基解释此句说：“开始时，我把他当一般人看待，后来我醒悟到，并非如此。老聃是安时处顺的人，不该以一般人对待他。”可参考。见氏著《庄子浅注》，中华书局，2007 年，第 38 页。

此，一定是老聃不希望吊唁却来吊唁，老聃不希望哭号却来哭号。这些行为是逃遁天的道理，违背人的实情，忘掉受之于天的本分，古代称之为遁天之刑。应时而生，是老聃的机缘（时）；随时而死，是老聃顺应道理（顺）。如果能安于时，置身（处）于顺，哀乐之情就不会进入内心，古代称之为帝之悬解。”[1]

因为是从吊唁处出来后的对话，所以这个“弟子”应该是秦失的弟子。那么，这就是弟子在责怪他的老师礼仪太简慢了。老聃就是老子，把秦失设定为老聃的友人，这是虚构的。

“号”是在形式上哭出声的吊唁方式，“哭”是因悲伤之情而流泪并出声的哭泣。有恸哭的说法，“恸”是无所顾忌地悲泣痛哭，是偏离了礼的规范的。在此意义上，“号”和“哭”都是符合礼的规范的吊唁方式。像失去孩子或母亲那样

---

1 原文为：“老聃死，秦失吊之，三号而出。弟子曰：‘非夫子之友邪？’曰：‘然。’‘然则吊焉若此，可乎？’曰：‘然。始也吾以为其人也，而今非也。向吾入而吊焉，有老者哭之如哭其子；少者哭之如哭其母。彼其所以会之，必有不蕲言而言，不蕲哭而哭者。是遁天倍情，忘其所受，古者谓之遁天之刑。适来，夫子时也；适去，夫子顺也。安时而处顺，哀乐不能入也，古者谓是帝之县解。’”（《庄子·养生主》）

哭泣的描写，显示出这种“哭”是接近“恸”的。在秦失的眼里，这些都背离了天的道理。

关于“以为其人也”的解释，是存在疑问的。原文作“其人”，也有的版本作“至人”，这样的话，意思就变成：“原以为是卓越的人，现在不这样认为。”比较起来，解释为“一直以为是老聃这个人”，似乎更接近庄子的思想。另外，还有“其人”非指“老聃”而是指他的弟子的解释，这样，意思就变成：“以前以为老聃的弟子非常优秀，但看到现在的表现就不这样认为了。”古籍的解释的确非常棘手，不过，这个解释是最缺乏动人力量的一个。

“遁天之刑”和“帝之县解”

无论是采“其人”说还是“至人”说，这个故事的要点都在于“遁天之刑”和“帝之县解”。就是说，人应时而生，应时而死，这是天地之间自然的运行。为情所动而沉浸于悲伤之中，就忘却了这种人之为人的本质，这正是“遁天之刑”，即因逃避天的道理而受到刑罚。

“帝之县解”的“县”与“悬”同，是垂吊、悬挂之意，“解”是解开、解放，“县解”意为从束缚中解放。“帝”即天帝，也就是绝对者，换言之，就是“遁天之刑”的“天”。因而，“帝之县解”就是为天所解放，也就是天地自然的解脱。这种存在方式必然是“安时处顺”的，就是将一切都托付给自然的运行而不执着于生死的存在方式。

三世纪的注家崔譔所谓“以生为县，以死为解”，是认为“县解”指从生中解放，这也是有所见的，但与下面的故事结合起来看，还是解释为“安时处顺”的境界这一观点更好。

莫逆之友

内篇的《大宗师》中有一个故事，生动地描写了人临终前的情景。

> 子祀、子舆、子犁、子来四人相与语曰：“孰能以无为首，以生为脊，以死为尻，孰知生死存亡之一体者，吾与之友矣。”四人相视而笑，莫逆于心，遂相与为友。

故事先描写子祀等四人成为挚友。“莫逆于心”是相互完全接受对方，成语“莫逆之友”就来源于这个故事。无为头颈，生为脊骨，死为臀股，这是说，我们从无中出生，经过一生，最终归于死亡。因此，生死存亡就成为“一体”。“一体”的意思，是拥有一个身体，也就是结构，而并不是说生死存亡是相同的，结构在这里是指整个生死的过程。所谓“遂”，是说事情是顺畅地推移的，而毫无“终于……”这种结局意外的感觉。

“以予为此拘拘也”

此间，子舆得了病。子祀前去探望，子舆非但没有消沉，还把自己身体的变化看作大自然的变化而享受着：

> 伟哉！夫造物者，将以予为此拘拘也！

“拘拘”是身体蜷缩不能伸展的样子，用老话来说，也就是佝偻。“造物者”就是创造万物者，有时也称为“天”或“道”。

子舆的身体变成了这样：脊背弯曲向上隆起，内脏移到了身体的上部，头朝下沉而使脖子比肩膀还低，因而发髻朝向上方，颌部比肚脐还低。

古代中国人认为，疾病是由体内阴阳二气的失调紊乱引起的，气的失调紊乱是难以忍受的，即使如此，子舆的内心依然平静而无事。他踉踉跄跄地走到井边，以井水自照，又说道："嗟乎！夫造物者，又将以予为此拘拘也！"

臂化为鸡和弓，臀化为车

以下是庄子风格的表述。子祀问子舆，变成这副模样是否感到厌恶，子舆尽管身患绝症，濒临死亡，却回答得富有幽默感：

> 不，为什么厌恶呢？随着身体的变化，如果左臂变成了鸡，那就来报时吧！如果右臂变成了弹弓，那就用它打一只鸟烤着吃吧！如果臀部变成了车轮，精神变成了马，那就乘坐吧，这样也就不需要驾驭马车了！[1]

仔细想来，这个回答实在令人震惊。瘦得皮包骨头的手臂，的确与鸡足相像。引文中的弹弓，类似旧时小孩子玩的

---

1 原文为："亡，予何恶！浸假而化予之左臂以为鸡，予因以求时夜；浸假而化予之右臂以为弹，予因以求鸮炙；浸假而化予之尻以为轮，以神为马，予因以乘之，岂更驾哉！"（《庄子·大宗师》）

Y字形弹弓，是用弹丸而不是箭射击的弓，这个弹弓正像是手臂弯曲僵硬而完全不能伸开的样子。

至于臀部变为车轮，人的筋肉下垂而腰骨外露，看起来正是车的样子。现在，我们大多是在医院里面对死亡的到来，但在过去，死亡就发生在日常生活的场所中，谁都知道人死去的样子，臀部变为车轮的说法是对临终状态的如实描写。“神”变为马的说法不好理解，“神”大概是指寄寓于身体内的神灵，后来在中国产生的宗教——道教中，有人相信身体各部分都有神灵的存在，可以认为，这些神灵是上述古代神灵经过宗教性的发展的产物。

原文中说子舆的心是平静的，与此有微妙关系的是，古代中国人相信人的思维是心脏的活动，因而这个“心”表现了心情与心脏两个方面。就是说，“心”作为身体的一部分是本来就内在于人的，而“神”则更倾向于与外部的关联。

子舆说，如果臀变为车，神变为马，乘坐即可，没有必要再驾乘现实中的马车了。更进一步来讲，也就是在说：这不是很便利吗？

这样看来，子舆深知，一切变化都不过是造物者宏大作用的体现，由于彻底地融入自然的运行而撇开了自身去看待事物，因而能够随顺而享受这一变化。当然，悲喜之情是不进入内心的，所以虽然看起来快乐，实际上只是对顺应变化这一状态的譬喻。这里之所以能带来幽默感，是由于将常识所认为的悲惨的身体变化包裹在悠然的精神之中而完全加以承认的缘故。

“安时而处顺”

子舆接着说了下面的话，这与上述秦失的议论类似。

> 且夫（而且本来）得者时也，失者顺也。安时而处顺，哀乐不能入也，此古之所谓县解也。而不能自解者，物有结之。且夫物不胜天久矣，吾又何恶焉？

与秦失所说的话合起来看，这里所谓的或得或失之物，无疑就是“生”。在对“县解”加以解释后，接着分析，之所以不能“县解”是因为“物有结之”，也就是说，“安时而处顺”是自我内在的状态，不彻底实现这种内在方面的解放，心就会因“物”即外在的事物而受到牵累。“物”不必是特定的物，可以是任何物，例如在此处，子舆的身体、病症等也可以看作是“物”。

子舆说，在“天”这一宏大自然面前，一切事物终归是只能顺从的无力的存在，从来都是如此，既然如此，我为什么要厌恶这个佝偻病呢？

在这里，丝毫没有把“物”作为对象而客观地探索其运行的所谓科学的精神，即使谈论“物”，也认为“物不胜天久矣”，而在源头处就关闭了对“物”的兴趣。在庄子看来，“天”就是如此拥有绝对的力量。

不过，如果“安时而处顺”并将一切都交托给“天”，的确能获得精神的宁静，这与其说是哲学性思维的产物，不如说更接近某种宗教性的情感。如果说庄子的文章对人具有疗愈作用的话，那么这种宗教性情感一定是其因素之一。

“为鼠肝乎”，“为虫臂乎”

接着，子来也病了，病得很重，“喘喘然（呼吸急促的样子）”地很快将要死去。子犁去探望子来，妻子和孩子正围绕着子来悲伤地哭泣。这里没有用“号”或“哭”，而是用了一个“泣”字，“泣”是不太出声而流泪的哭泣，也就是低声啜泣，可以说，这种啜泣才体现出家人深深的悲伤之情。

但是，子犁却说：“叱！避！无怛化（天地自然的宏大运作）!”而将家人支开，开始与子来对话。

> （子犁）曰：“伟哉造化！又将奚以汝为？将奚以汝适？以汝为鼠肝乎？以汝为虫臂乎？”

这是一个我们从何处来、到何处去的终极性的提问。“造化”是指大自然的运行，与“天”“道”“造物者”等并列而为庄子所擅长的词语。

“造化”一词也深为日本人所了解，例如，芭蕉在《笈之小文》序文中有“此类风雅人物，顺从造化，以四时为友”“顺造化而归于造化”[1]等表述。

在伟大的造化运动中，子来究竟将变成什么？去向哪里？变成鼠肝还是虫臂（有版本作“肠”，若与“肝”对文，则作“肠”更切当）？这一提问，体现着一种转生的思想。人死后成为别物的思想，不只中国有，在古代其他国度也并不罕见。但是，《庄子》中的转生思想，也有为论述而使用的修辞的意

---

1 芭蕉，即松尾芭蕉（1644—1694），日本俳句诗人、散文家。此处《笈之小文》的译文采用陈德文中译本，见松尾芭蕉：《松尾芭蕉散文》，陈德文译，作家出版社，2008年，第16页。

味，很难说是被严肃地、虔诚地加以信仰的。

生死是气的聚散

外篇《知北游》中有这样的表述：

> 生也（所谓生）死之徒（伴侣），死也（所谓死）生之始，孰知其纪！人之生，气之聚（聚集）也，聚则为生，散则为死。若死生为徒，吾又何患！

所谓“气”，在狭义上是类似“灵魂”的东西。说得再严密一些，可以看作是灵魂的构成元素。因此，也有“魂气形魄”这种常见的说法。“魂”（阳性的灵魂）结合于“气”，相应地，与作为身体的“形”结合的是“魄”（阴性的灵魂）。“气”聚集而寄寓于身体则为“生”，它的解散即为“死”。然而实际上，从广义上说，身体也是气的聚集，生命活动就是气的活动，所以问题就复杂了，在此意义上，魂、魄皆为气，气的聚集既构成身体也构成心灵。在上述故事中，秦失把死去的老聃说成已经是“非人”，这也可以解释为老聃这个人的气解散了。

在古代中国，一般认为人死后就变成鬼。这个鬼不是“魔鬼”，按日本的说法，就是“幽灵”[1]，不是怨恨生者而变成鬼出现，而仅仅是死者的存在形态。因此，若用气的观念来解释的话，可以说，鬼也是一种气，就是说，魂气没有完全散去而停留于生者的周围。《庄子》中有关生死的议论，折射出人们的这种庸俗的想法广泛而深刻地存在着。

上述《知北游》篇的议论是说，生死不过是气的聚散，聚而又散，散而又聚，这是无限循环的，如同鸡和卵一样无人知道哪个在先，因而就导向没有必要忧虑死亡的解释。根据气的聚散清楚地对生死加以解释，在《庄子》书中也是相当新的思想。《庄子》用气的观念将人们对生死的无尽思索做了一个明确的了结，这也可以说是古代中国人所达至的终极理性的思想。

遵从阴阳的命令

如果生死是气的聚散现象，那么就能相应地解释说，人死之后，其气解散，以怪异的方式聚集就成为怪异之物。但

---

1 魔鬼，日语原文是“鬼（おに）”，意为鬼、魔鬼、鬼怪。幽灵，日语原文是“幽灵（ゆうれい）”，意为幽灵、鬼魂，即死者的灵魂。

是，子来和子犁的对话并不是那样好讲小道理，而是更加豁达和气度宏大。对于子犁的提问，子来这样回答：

> 在父母与孩子的关系中，父母说向东孩子就向东，父母说向西孩子就向西，孩子总是听从父母之命。但是，阴阳的运行对于人来说，岂止于父母与孩子的关系，它是绝对性的。现在，伟大的阴阳运行让我走向死亡，我不听从它的吩咐，就是任性随意，阴阳又有什么错呢？[1]

这个“阴阳”与“天”“道”“造物者”等意思相同，就是指造化的运行，这是着眼于气的自然运化的表述方式。“听”是听到并牢记的意思，也就是听从别人所说的话，与意为仅仅听到声音的“闻”是不同的。

死是大地赐予的休息

接着，子来语出精彩：

---

1 原文为：“父母于子，东西南北，唯命之从。阴阳于人，不翅于父母，彼近吾死而我不听，我则悍矣，彼何罪焉！”（《庄子·大宗师》）

夫大块载我以形，劳我以生，佚我以老，息我以死。故善吾生者，乃所以善吾死也。

“大块”意为巨大的块，即指大地。大地以形体承载我，意思是人随着身体而诞生于大地之上。接下来，“劳”是劳动，在精力充沛的时候就劳作，“佚”是逸乐，进入老年后就安乐地生活，“息”是休息，死当然就是休息。因此，肯定自己的生为善，恰恰也就是肯定自己的死为善。

这一表述在《大宗师》篇开始部分也出现过，似乎是庄子喜爱的表达方式。大地与自己之间没有任何疏离感，真正在大地上悠然地活完天赋的生命。彻底地肯定生，也就彻底地肯定死，这看似简单的表达，实际上不正是蕴含着重大的真实吗?

锻冶的名匠

子来继续说：

锻冶的名匠正在铸造铁器，如果铁跳起来说“我一定要成为镆铘（古代名剑）”，那么锻冶的名匠必定认为这块铁不吉祥。现在，如果一朝获得人的形体，就说“一定要成为人、一定要成为人”，那么造化者必定认为是不吉祥的人。现在，如果把天地当作一座大炉，把造化当作锻冶的名匠，那么变成什么不可以呢！成然而眠，蘧然而醒。[1]

这是子来对子犁“你将变成什么、去向何处”这一提问的直接回答。意思是说，伟大的刀匠在锻造刀剑的时候，如果作为铸造材料的铁跳起来说“我一定要成为镆铘”，刀匠必定认为这块材料是不祥之物。把天地看作一座大冶炉，是与把天比作辘轳同样的设想。

用天地之炉锻造器物

子来说，造化与铸剑名匠是类似的。天地犹如一座巨炉，

1 原文为：“今之大冶铸金，金踊跃曰‘我且必为镆铘’，大冶必以为不祥之金。今一犯人之形，而曰‘人耳人耳’，夫造化者必以为不祥之人。今一以天地为大炉，以造化为大冶，恶乎往而不可哉！成然寐，蘧然觉。”（《庄子·大宗师》）

用炉制造器物，就是造化的运作。因此，万物皆由天地大炉铸造而出。已经被铸造为人的，在重新铸造之时，如果仅为铸造的材料，却嚷着："必须成为人！人！人！"造化者必定会认为是不祥之人，这就不是所谓"善吾死者"了。

"成然寐，蘧然觉"的"寐"和"觉"，是指死和生而言。"成然"，因版本而有不同写法，这里表述得不太清楚，"成"的本意是结束、完成、安定，此处意为成就人生而心安。"蘧然"也不好理解，"蘧"意为迅速、突然等，似含有不磨蹭、果断、达观等意思。成玄英解释为"惊喜之貌"，此说是依据《齐物论》，该篇庄子梦为蝴蝶的故事中，用"蘧蘧然"一词来描写从梦中醒来的样子。"惊"也是表示事出突然，所以"蘧然"就有吃惊地睁开眼睛之意。"喜"似乎有些多余，但表示出，即使吃惊地睁开眼睛，也并非感到厌恶和不安。因此，这个词就是安心地睡去、畅快地醒来的意思。

名剑镆铘

"必须成为镆铘"一句中的"镆铘"，传说是春秋时期吴国的名剑。有位巧匠叫干将，其妻名叫镆铘。干将制作了一对剑（这种剑称为雌雄之剑）献给吴王，因为是一雌一雄，所以这对剑就分别称为干将和镆铘了。

日本的正宗、村正等名刀都蕴含着种种传说，同样地，围绕干将和镆铘也产生了各种各样的传说，其中有一则是这样的：

干将奉吴王之命造剑，用了三年才完成。干将料想到，献上剑后会因延误之罪被杀，就向已有身孕的妻子托付了后事，然后只带了雌剑入朝。结果，因为花了三年时间，而且雄剑还没有献上，王发怒杀了干将。后来，干将的儿子长大，听母亲讲了父亲的遗言，并按照指引找出了雄剑。干将之子下定决心报仇，甚至在王的梦中现身。由于王悬赏搜捕他，干将之子逃到了山里。有一次，一位行路的客人询问缘由，他就把事情的经过讲了一遍，客人表示愿替他报仇。干将之子用剑砍下自己的头，与剑一起托付于客人，然后就倒下了。客人晋谒王，献出干将之子的头颅，说这是勇士的头颅，所以必须烹煮，就让人将头颅放在锅中煮。但三天过去了，头颅不但未煮烂，而且从汤水中跳跃起来怒目而视。于是客人说，如果王能亲自去看一下就能煮透了，让王俯身观察锅内，此一瞬间，他用剑砍下王的头。王的头颅落入汤水后，客人也将自己的头砍下落入汤水。三个人头在水中烹煮，变得不能辨别了。最后，大家只能将汤水中的肉分为三份加以安葬，三人之墓便被合称为“三王墓”了。

这是四世纪时干宝所著《搜神记》中的故事，这令人惊恐的故事与镆铘是相称的，但子来所讲的锻冶的故事，指的并不是铸造完成的镆铘，而是叫嚷着想成为镆铘的铸造材料。

据说，巧匠在石头上凿雕像时，会认真倾听石头的声音。如果石头无视巧匠的心情而随意地、人声人语地说话，巧匠就不能注意倾听石头的声音了。庄子观点的旨趣即是如此。

2. 如何面对“死”

另一组莫逆之友

以上通过子舆和子来患病的故事，论述了从造化的宏大运动来把握生死的观点，接着，庄子又叙述了子桑户、孟子反和子琴张三人的故事。在这个故事中，孔子及其弟子子贡也出场了，情节略微复杂。安排孔子和子贡两个人物，目的在于批评作为对立学派的儒家。从故事的展开来看，这实际上是庄子后学的作品。

> 子桑户、孟子反、子琴张三人相与友，曰：“孰能相与（交往）于无相与，相为于无相为？孰能登天游雾，挠挑（辗转）无极，相忘以生，无所终穷（走到尽头）?”三人相视而笑，莫逆于心，遂相与为友。

这一段与子祀四人故事的开头极为相似。有人认为，

“相与友”一句，从对话的内容来看也不切合，故应与前文相同，作“相与语”，此说当从。在故事的内容方面，子祀四人的故事也更好。子祀四人的故事直接论生死，并以之比拟造化运动，相比之下，这个故事的观念性、解释性稍强。

“相与于无相与”，意为没有交往意识的交往，也就是无心的交往。[1]“相为于无相为（wéi）”，也可读为“相为于无相为（wèi）”，[2]意思是：并非故意而为的举动，或并非特意相互帮助的相互帮助，是无心的行为。

“登天”句以下，是比喻与造化为一体的自在的生存状态的表述，“相忘以生”意为忘却生，指超越生死。“无所终穷”是指顺随造化而没有穷尽，“终”是时间性的尽头，“穷”是空间性的尽头，因而这可以说是一种超越时空、丝毫不为外

1 原文是：交際するという意識のない交際，直译为“没有交往意识的交往”，亦可译作“无意识的交往”，“无意识的交往”也就是“无心的交往”。

2 原文是：「相い為すことなきに相い為す」は「相い為にするることなきに相い為にす」とも読める，直译作：“‘没有相互作为意识的相互作为’，也可读为‘没有相互作为目的的相互作为’。”“没有相互作为目的的相互作为”，亦可译作“无目的地相互帮助”，也就是“无心地相互帮助”。

物所拘系的生存状态。

在遗体前歌唱

三人就这样成为莫逆之友。不久，子桑户死去了。

前面的故事中，子舆得了重病，还能步履蹒跚地走到井边。子来在奄奄一息的濒死状态下，仍然与子犁对话。但在这里，子桑户刚一出场就成为死者。因此，子舆、子来、子桑户三人的故事，虽可以看作是各自独立的，但另一方面也可以看作是从病重到病危而后死去这种层层推进的故事。

已经死去的人是不能成为故事中心人物的。因而，子桑户故事的情节设定就变成死者周围的人如何对待死亡了。这种讨论，跨出了由死的当事者性向死的社会性观点转换的一步。

子桑户死去，尚未安葬，孔子听说了子桑户的讣告。那么，孔子是如何应对的呢？

孔子听说此事后，让子贡前去待机处理葬礼事宜。子贡是孔门中实务能力最强的人物，所以孔子才让子贡去应对丧事。但孟子反和子琴张二人却在那里编织着养蚕架用的席子，弹着琴，唱道：

嗟来桑户乎！嗟来桑户乎！而已反其真，而我犹为人猗！

子贡小跑着上前询问："请问，在遗体前唱歌符合礼吗？"二人相视而笑，说："这个人怎么会知道礼的意义呢！"

"嗟来"是唱歌时领唱的号子声。歌中"真"与"人"是对应的，承认人死则返"真"的思想，这与将生死看作造化运行的一环而同时肯定生和死的精神是稍有区别的，体现了庄子后学的思想。

孟子反和子琴张对话中引人注意的一点是，他们没有说自己不知"礼"，而是说这个人不懂得"礼"，换言之，自己才是真正懂得"礼"的。这与原本主张超越世俗、顺应造化而自在地生活的庄子思想有微妙的差异，这也是过度在意儒家的庄子后学的思想吧。

"游方之外者"与"游方之内者"

无论如何，子贡是彻底惊呆了，急忙回来见孔子，向老师询问：这两人没有举行郑重的仪式，不懂得礼节，在遗体前唱歌，也没有表现出悲伤，他们究竟是什么人？孔子回答说：

他们是游于方外的人，而我是游于方内的。外与内不相关，我却让你去吊唁，我真是糊涂啊。他们正与造物者为友（人），而游于天地的一气。[1]

“方”是方形的方，指四方的范围，也就是世俗世界。因此，所谓“游于方外者”，就是超越世俗世界的成规，唯寄身于造化运动的人，原文说“与造物者为人”“游乎天地之一气”等，就是这个意思。孔子说：这样的人，由于与世俗之人的价值观迥异，因而不应该交往，这种情况下我还让你去见他们，是我自己糊涂。关于“与造物者为友（人）”等句，上一章末尾也曾言及。

那么，方外之人的生存方式是什么样的呢？孔子进一步做了叙述。这一段在《庄子》中也属于名文，所以尽管篇幅有些长，还是抄录于下来读一读吧。

彼以生为附赘（粘连的瘤子）县疣（下垂的瘊子），

1　原文为：“彼游方之外者也，而丘游方之内者也。外内不相及，而丘使女往吊之，丘则陋矣。彼方且与造物者为人，而游乎天地之一气。”（《庄子·大宗师》）

以死为决疣（破裂的脓包）溃痈（溃烂的肿块）。夫若然者，又恶知死生先后之所在（哪个在先）！假于异物，托于同体，忘其肝胆，遗其耳目，反覆终始（生死），不知端倪（首尾、尽头），芒然（无所牵连的样子）彷徨乎尘垢之外，逍遥乎无为之业。彼又恶能愦愦（繁琐麻烦）然为世俗之礼，以观众人之耳目哉！

在方外之人看来，生就像是长在大地上的瘤子或瘊子，死不过像是肿块的溃烂，因而不会执着于生死，不会关心生死哪个在先即哪个更重要等问题。不过，把生死描述为附赘县疣、决疣溃痈等，也不是将生死当作毫无价值的事情，“赘”或“疣”也好，“疣”或“痈”也罢，皆无不可。另外，这也不是老子式的卑下思想，它仅仅是对不为生死所拘系的一个比喻性的表达。

即使如此，在《庄子》中，这也算是极端的表述，这种骇人的语句在其他著作中是罕见的。

近年来，人类过度追求富裕和便利，在全球范围极大地破坏了环境，这是我们每个人都目睹的事实。从天地自然的立场来看，我们的存在的确仅仅是“赘疣”“疣痈”，虽然故事中孔子所说的话并非在表达这个意思，但我们难道不应完全站在作为他者的天地立场上来审视一下吗？

“假于异物，托于同体”，意为同时借用各种各样的事物，而使人的身体得以维持运行。按照五行思想，也可以说人的身体是由木火水金土构成的。忘却“肝胆”或“耳目”，是说没有内脏或感觉的意识，也就是没有身体意识。

“反覆终始，不知端倪”，是指生死因气的聚散而永远相连贯。“端倪”意为端绪，或者，“端”释为开始，“倪”释为终结，“端倪”解释为终始本末，由终始本末的意义进一步演变，又衍生出对终始本末的推测之意。当我们说“不可端倪的人物”时，意为不能推测其好坏、不能大意的人物。

“芒然彷徨乎尘垢之外，逍遥乎无为之业”，也是庄子式的表达。“芒然”与“茫然”义同，指广阔而无从把握的样子。“尘垢”是尘埃和土芥，即指世俗世界。“彷徨”和“逍遥”都是指精神解放而悠闲自在的状态。“无为之业”也就是自然的运行。

孔子总结说，这种生存于方外的人是不会举行烦琐的世俗礼仪而招惹世人耳目的。

以方外之道为目标的孔子

子贡一听孔子的评说就不能接受。他觉得，老师只称呼那些人是“方”外之人而加以赞扬，那么自己所生存的“方”之内的“方”又是什么？由此又有了进一步的对话。

> 子贡：“那么，先生依从于哪种方呢？”
>
> 孔子：“我是天的罪人。虽然如此，我与你一起努力吧。”
>
> 子贡曰：“请您告诉我如何做。”[1]

“方之内”意为世俗世界之内，孟子反和子琴张也并不是居住在荒无人烟的深山之中的，他们身在世间，在物理上也是方内的居民。因此，孔子所讲的“方之内”，具体地说是世俗的规范之内的意思。与此相对，子贡所问的“哪种方”的“方”，是“方法”的“方”，也就是人生之依据，二者的意义存在微妙的差别，但毫无疑问的是，子贡的“方”是被“方之内”的“方”所引出的表述方式。

孔子说自己“是天的罪人”，是有原因的。在内篇的《德

1 原文为：“子贡曰：‘然则夫子何方之依？’孔子曰：‘丘，天之戮民也。虽然，吾与汝共之。’子贡曰：‘敢问其方。’”（《庄子·大宗师》）

充符》中，有一个名叫叔山无趾的遭受刖足之刑的人，评价孔子是“天刑之（孔子），安可解”，孔子是接受这一评价的。叔山无趾说，自己虽遭受刖足之刑，但这是人刑，不是天刑，而孔子被世俗规范所束缚，这是遭受了天刑，如何才能解开拘束他的手铐脚镣呢？

基于此，孔子说，虽然自己是天的罪人，但希望“与你一起努力”，所要“一起努力”的，当然是方外之人的生存方式，既不是儒家的说教，也不可能是说与子贡“一起”在这个方之内生存下去。

特意把孔子拉出来，让孔子说自己追求方之外的生存方式，这还是表现了意识到儒家的存在，并认为自己一方的思想比儒家更优越这一庄子后学的立场。

“鱼相造乎水，人相造乎道”

对于子贡的请教，孔子这样回答：

> 鱼相造乎水，人相造乎道。相造乎水者，穿池而养给；相造乎道者，无事而生定。故曰：“鱼相忘乎江湖，人相忘乎道术（道的实践）。”

鱼生存于水中，挖掘好池子就足以养活；人生存于道中，去除人为之事就能安定。因此，“鱼处于江湖那样广阔的地方，就会忘却彼此的存在而自由；人践行道，就会忘却彼此的存在而自由”。

“相造”的“造”，释为“诣”，“诣”是“适（去）”的意思，所谓“造诣”，就是到达某个地点，进一步引申为学问或技艺上达到的高度，也就是精通的意思。“适”又有“符合”的意思，所以“造”“诣”“适”包含着某物达到某个位置、状态或境界而完全适合此物的“适性”的意义。因此，“鱼相造乎水”是说，鱼只有在水里才适合它的本性。

“无事而生定”的“生定”不好理解，对此，有“定”字为“足”字之误的说法，因为是与“穿池而养给”对文，所以作“生足”应该是正确的，意为“能完满地生存”。

“鱼相忘乎江湖”一句也见于《大宗师》篇的前半部分：

> 泉涸，鱼相与处于陆，相呴（吹）以湿，相濡（沾湿）以沫，不如相忘于江湖。

意思是：泉水干涸，鱼聚集在干枯的陆地上，相互哈气，用气泡沾湿，但这比不上在江湖中自由地周游而忘怀彼此的存在。

诚然如此，与其污染了水质后再使用净水器或购买矿泉水饮用，一定不如开始就不加污染而自由地饮用；与其煞费苦心地培育濒临灭绝的生物，一定不如不去造成迫使其灭绝的环境。这些问题虽然并非如所说的那样简单，但是各种具体状况则是完全可以预想到的。

原文接着说，“人相忘乎道术”。在《大宗师》篇前半部分中，此处有“与其誉尧（圣王的典型）而非桀（暴君的典型），不如两忘而化其道”两句，意为：与其对尧和桀加以毁誉褒贬，不如两者皆忘而与道一体。对此，也能想到很多具体例子。所谓“道术”，是指道的实践，相较于“化其道”，其人为性也稍强。

“畸于人而侔于天”的存在

至此，子贡对老师的想法有了清晰的了解，但还有一个疑问，那就是：老师希望仿效孟子反和子琴张生存于方之外，那么，为什么老师不能生存于方之外，而孟子反和子琴张却可以？由此进入最后一段对话：

子贡：“请问什么是畸人？”

孔子：“所谓畸人，就是与人异，却与天同。所以说：‘天的小人是人的君子；天的君子是人的小人。’”[1]

“畸人”就是奇人，此处无疑是指孟子反等人。

中国传统思想认为，事物在偶数而不是奇数的情况下才是稳定的。例如，关于“气”的阴和阳，虽然作为一个例外，道教的某种观念追求去除阴而变成纯粹阳的状态，但这种特殊情况我们抛开不论，一般来说，中国传统思想都否定单纯的阳或单纯的阴，认为阴阳必须处于调和状态。子舆患病也是因为“阴阳之气的失调”。相应于阴阳，人也是结成夫妻而构成偶数才是稳定的，如果永远是一个人，那就是奇数的人，即奇人。农历正月贴出的楹联也是成对的才吉利，写文章亦多用对偶句。

在这些方面，中国传统思想与日本有相当大的差异，日

---

1 原文为：“子贡曰：‘敢问畸人。’曰：‘畸人者，畸于人而侔于天。故曰：天之小人，人之君子；人之君子，天之小人也。’”（《庄子·大宗师》）按，“人之君子，天之小人”句，当从王先谦、王叔岷等说改为“天之君子，人之小人”。作者引文亦从此说改，见下文。

本人有时是从畸形和奇数中看到美。

此处郭注和成疏对“畸”的解释是“不耦于俗”，“不耦”是不交往、不融合的意思。有表示二人一组耕作田地之意的“耦耕”一词，“耦”的原意就是两物并列相向而成为一对。如果与世俗的成规配合无间而生存下去就是“耦”的话，那么否定了“耦”的“畸人”是不可能被世俗接受的。

而庄子借孔子之口说，畸人是与天等同的。在庄子那里，天是绝对者，完全顺应天的造化运动的畸人可谓是造化运动本身，因而会说：“天的小人是人的君子，天的君子是人的小人。”此句原文本来作“天的小人是人的君子，人的君子是天的小人”，有一种解释认为，这不过是同语重复，后半句的“人”和“天”应该互倒，这里依从这种解释。此处讨论的是畸人，而畸人必定是“人之小人”，所以原文中若缺少这一句，确实是于义不通的。

特意言及孔子、君子、小人等，是对儒家的讽刺，“君子”和“小人”是作为孔子的言论在《论语》中频繁出现的词语。但这里当然是通过论及儒家思想而引入天人的对立关系这一视点，来翻转对君子和小人的评价：你们所尊崇的君子实际上是小人，被视为小人的畸人实际上才是君子。

原文结尾处的这一思考方式是：让人们离开死的问题，

集中从天和人的视角来观察孟子反、孔子或世间众人的生存方式。这无疑是庄子思想所具有的思考方式，不过由于使用了君子和小人等词语，变得世俗气很重。整体上看，这仍然是庄子后学的论述。

髑髅与庄子的对话

在前面的故事中，庄子没有直接出场。但是庄子不上场还是不完整的，接下来，我们来读几则有庄子出场的故事吧。不过，这个庄子当然是故事中的庄子，不一定是真实的庄子。

外篇的《至乐》中有一则庄子与髑髅交谈的故事。

有一次，庄子骑着马到楚国旅行，楚是紧靠庄子的母国宋的南方大国。途中，他发现一具皮肉完全脱落而变成空架子的髑髅，庄子用马鞭敲击髑髅，说道：

> 你是因为贪欲无度而变成这样的吗？是因为遭逢国家灭亡，在战场上受到诛罚而变成这样的吗？还是因为做了不善之事，给父母妻子留下污名，感到耻辱而变成这样的呢？或者是因为陷入饥寒之苦而变成这样的呢？

或者是自然寿命已经完结而变成这样的呢？[1]

庄子对着髑髅随意说了这番话之后，就把髑髅拉过来，枕在上面睡着了。于是，晚上他梦见了髑髅，髑髅说：你说起话来就像雄辩家一样能言善辩，但你所说的都是活人的痛苦，死后没有这些事情。请听一听死人的看法吧（子欲闻死之说乎）！“死之说”也可能与“死之悦”同义，意为死者的快乐，这样解释就更体现出积极性。于是庄子回答说“的确如此”，就开始了对话。

髑髅说：人死以后，就没有了君和臣之类麻烦的上下关系，没有了春夏秋冬令人烦扰的炎热和寒冷，舒畅地与天地自然的永恒共在，即使是南面称王的快乐也不过如此。髑髅虽这样说，庄子却难以相信，于是说：我想拜托管理生命的神，让他复活你的身体，赋予骨肉肌肤，让你再回到家人和乡亲中间，你觉得如何？

对于庄子的提议，髑髅面露嫌恶而加以拒绝说：为什么

1 原文为：“夫子贪生失理，而为此乎？将子有亡国之事，斧钺之诛，而为此乎？将子有不善之行，愧遗父母妻子之丑，而为此乎？将子有冻馁之患，而为此乎？将子之春秋故及此乎？”（《庄子·至乐》）

非要舍弃南面称王般的快乐，再次品尝世间的劳苦呢？

庄子乐死厌生吗？

这里，庄子通过髑髅讲述了死者的快乐。直接看来，其观点似乎是赞美死亡，认为死比生更有价值。在郭象所处的三世纪，这种解释似乎也很有影响，郭象在此注释说：

> 旧说云庄子乐死恶生，斯说谬（错误）矣！若然，何谓齐乎？所谓齐者，生时安生，死时安死，生死之情既齐，则无为当生而忧死耳。此庄子之旨（主旨）也。

确如郭象所说，庄子思想是“生时安生，死时安死”，主张包括生死在内的万事万物的齐一，但是在死为“南面称王的快乐”的说法中没有表现出生死齐一的思想。可以说，这里仍然存在着后学对庄子思想的发展。

虽然如此，这则故事却并非是无条件地礼赞死并为死所引诱，庄子在此借髑髅之口要说的是，对于死也可以如此对待，所以无需那样厌恶死。

因为死比生好，就强行地把人朝那个方向拉，这种思想与庄子无缘。庄子没有用观念来束缚和强制人的思想，他具有彻底尊重人的主体性的宽容和自由之心。我们阅读《庄子》时之所以会感到精神的解放，这种自由也是一个重要原因。在这方面，庄子思想与任何宗教都在根本上带有的强制力，特别是狂热崇拜集团的偏狭的思想，处于完全相反的位置上。

庄子妻死

《至乐》篇中还有一则有关庄子与死的故事，即庄子妻子亡故的故事。

友人惠子去吊唁，看到庄子竟然在妻子的遗体前盘腿而坐，敲着盆（陶罐）唱歌。惠子惊讶地说：

> 夫人与你结为夫妻一起生活，养育后代直至老年。现在去世了，不哭就已经很不近人情了，还敲着瓦罐唱歌，不是很过分吗！[1]

---

1 原文为："与人居，长子老身，死不哭亦足矣，又鼓盆而歌，不亦甚乎！"（《庄子・至乐》）

对于惠子的责难，庄子这样回应：

> 我最初也不可能不悲伤，但是仔细一想，在那个开端处原本是没有生命的，不仅没有生命，连形体也没有，不仅没有形体，连气也没有。天地之间朦朦胧胧的东西相互混杂（杂乎芒芴之间），它们变化而成为气（变而有气），气变化而成为形体，形体变化而成为生命，现在又变化而走向死亡，这正如四季的更替一样。现在，她要在巨大的屋子里安详地睡去，我却在后面追着扯着嗓子哭号，我认为这是不懂得天命，所以就没有这样做。[1]

“芒芴”的音与义都与“恍惚”相同，指模模糊糊难以把握的样子。在这则故事之前，有如下表述：天无为（自然），地也无为，两“无为”相合而万物产生，“芒乎芴乎（朦朦胧胧的样子），而［万物］无从出乎（不是由此生出了吗）！芴乎

1 原文为：“是其始死也，我独何能无概然！察其始而本无生，非徒无生也，而本无形，非徒无形也，而本无气。杂乎芒芴之间，变而有气，气变而有形，形变而有生，今又变而之死，是相与为春秋冬夏四时行也。人且偃然寝于巨室，而我嗷嗷然随而哭之，自以为不通乎命，故止也。”（《庄子·至乐》）

芒乎，而无有象乎（不是有某种形象吗）！”“芒芴”一词是以此为基础的，是说在恍惚不明的混沌之中产生了某种东西，构成“芒芴→气→形→生→死→芒芴”的循环。“芒芴→气→形”是《老子》等文献中出现的中国古代典型的万物生成论，《庄子》此处的论述是在此基础上又融入了气的生死观的产物。

庄子的想法是试图在天地自然之道中消解人的生死，如果按照这种思想来思考，丧妻带来的悲伤之情也确实会消解一些。

“以天地为棺椁”

妻子去世时鼓盆而歌，自己面临死亡时如果慌乱无措的话就不成体统了，对于自己的死，庄子当然也是从容不迫的。杂篇的《列御寇》中就有关于庄周去世的故事。

庄子生命垂危，弟子准备给他厚葬（优厚的葬礼），由此可知庄子是有一些弟子的。厚葬是儒家所推崇的，强调根据身份不同举行不同规格的葬礼。王侯的墓葬极尽奢侈，这是众所周知的。但是厚葬不符合庄子的思想，得知弟子的意图后，庄子纠正了弟子的想法，他说：

> 吾以天地为棺椁，以日月为连璧，星辰为珠玑（宝

石），万物为赍送（随葬品）。吾葬具岂不备邪？何以加此！

“椁”是包裹棺的外箱，依身份的不同，有时会做成好几层。椁与棺之间陈列着随葬品，就连椁与棺所用木板的厚度都依身份的不同而存在差别，庄子说天地是自己的棺椁，意思是不用大动干戈地准备棺椁了。“连璧”是一对璧，璧是呈平而圆状的翠玉，其中央有直径三分之一大小的孔。由于非常稀缺，所以完整的璧即“完璧”是极为贵重的，它是为驱除邪气、祈愿死者安宁而供奉的东西。“星辰”是星，“珠”是珍珠，“玑”是不太圆的珍珠，“珠玑”也就是宝石。“赍送”与“资送”同义，“赍”和“资”都是送某物的意思，因此，“赍送”意为送给死者某物，也就是与死者遗体一起下葬的物品，即随葬品。

如果以天地、日月和万物为葬礼的用品，那么确实是无所不备了，这真是颇具庄子风格的宏大的构想。对于被人造物所包围、不能尽情地仰望星空的现代人来说，即便可以在头脑中想象，却不能实际地体会。

遗体不给乌鸢而给蝼蚁是不公平的

但是弟子们爱操心，他们反对说：那样的话，先生的遗体就要被乌鸦和老鹰吃掉了。弟子们以为，老师是命令他们死后就直接将自己放到荒野上即可。对此，庄子的答复仍然是庄子风范的：

在上为乌鸢食，在下为蝼蚁食，夺彼与此，何其偏也！

就是说，放在地上被乌鸢吃掉，埋于地下被蝼蚁吃掉，遗体不给乌鸢而给蝼蚁，岂不是不公平！这是庄子式的幽默，放在地上不行，埋于地下也不行，弟子一定很为难吧。

那么，庄子是想说“反正都一样”吗？庄子认为厚葬不可取，从现在的观点看，执着于葬礼的体面终归是愚蠢透顶的。举乌鸢蝼蚁来说明，是因为弟子强找理由，在庄子看来，无论是为乌鸢所食还是为蝼蚁所食，都是造化的运行，因而没有区别。或许，庄子最终是用普通简陋的棺木入殓，悄悄地安葬于大地的一角。

原文接着有一段：“以不平（不公平的心情）平（使事物公平），其平（公平）也不平（不公平）；以不征（不成为证据的东西）征（证明），其征（证据）也不征（不成为证据）。……”关于这段文字，存在不同的解释，有的认为这也是庄子回答的一部分，有的认为是对庄子回答的说明，有的认为是独立的一段论说。由于是关于公平的论述，所以与庄子的回答是有关联的，不过上下文的接续不顺畅，格调也不高，这大概是后来附加上去而与庄子的故事相连接的文章吧。

总之，《列御寇》篇是以包括这段短文在内的庄子临终故事作结的。此篇之后，《庄子》还有最后一篇《天下》。《天下》篇类似于对中国古代哲学史和庄子其人其学的解说，《庄子》中论述和寓言的内容实质上到《列御寇》篇为止，也就是说，庄子临终故事可以视为《庄子》全书的结束，这也实在是最能给结尾增色的一段情节。

这是一次精彩的临终场景，它让我们真实地感受到，庄子就是这样与天地自然一体而悠然地度过一生，最终长眠大地。

后记

《庄子》中有很多日本人也熟知的成语和故事，其中具有代表性的，在本书中大致也涉及了。还未提及的，有内篇《人间世》的“心斋”故事和《大宗师》的“坐忘”故事，两则故事都采取了孔子与弟子颜回对话的形式。“心斋”就是虚心，“坐忘”就是忘却身体和智慧而与道为一。心斋和坐忘是表述庄子式心术（心的持守方式）的重要概念，关于这方面，拙著《读老庄》论述甚详，如能参阅则甚幸。

还有作为“井蛙不知海”一语出典的故事（《秋水》）以及“螳臂当车”（《人间世》）的成语等，后者与“螳螂之斧”同义。此外，庄子梦为蝴蝶的故事（《齐物论》）、被凿出眼睛和鼻子而死去的“浑沌”的故事（《应帝王》）等，也是非常有趣的。《庄子》为我们度过一个精神丰富的人生提供了智慧的宝藏，撰写本书的同时，我也再一次希望，能有更多的人喜欢上《庄子》。

庄子思想的优长之处，归根到底在于主张身心的解脱。由于它不是那种完全从正面解决现实问题的思想，所以如果对其一知半解，就有可能使我们现实性的思考或能力变得迟钝，甚或对社会采取嘲讽的姿态，因此，在日本和中国都有人厌恶庄子，这也是事实。然而，如果从庄子式的与天地自然之道为一、不为世俗所拘限的自由心灵来审视世俗世界，就能对政治、经济、教育等一切领域的制度和习俗及在其中生活的人的傲慢、欺瞒、伪善和怠惰等，洞若观火。按照庄子思想去生活，在某种程度上也能够因不被世俗所淹没而站在非常激进的批判世俗的立场上，不过，这是以对孤立和贫困有精神准备为前提的。

本书是四年前受讲谈社时任メチエ丛书部长的渡部佳延先生委托而开始撰写的，但未能在渡部先生丛书部门任职期内完成，实在为自己的无力感到惭愧！渡部先生对本书主要内容进行了设计，全书是按照此设计撰写的。

在本书执笔过程中具体给予关照的，是丛书新任部长林边光庆先生和本书责任编辑井上威明先生。我按照渡部先生的指点加了小标题，但没有想到要划分小节，最后，按林边先生的建议划分了小节，小节的标题是井上先生设计的。划分出这样的小节，使得平平淡淡的每一章都变得立体而鲜明，真的是编辑可畏啊！二位先生细致周到的建议，使我可以顺利地撰写本书。在此向二位编辑和给予我撰写本书机会的渡部先生深表谢意!

蜂屋邦夫

2002 年 8 月